通婚果

私を愛している人と私が愛している人に捧げる

唐紹赤

文芸社

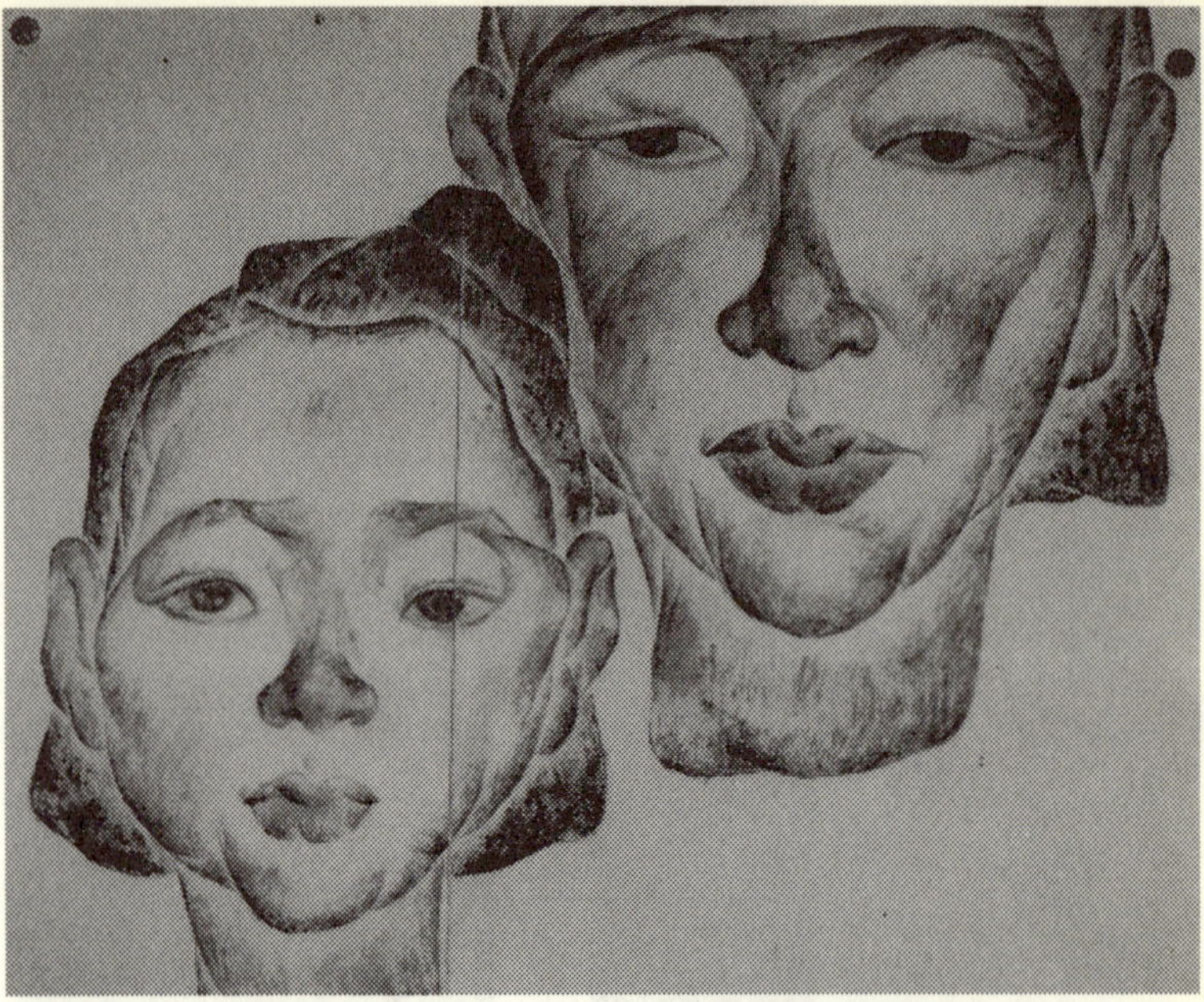

妊娠中書いた絵（1992年）

婚約当時書いた絵と筆者（1991年夏）

通婚果　目次

まえがき

自伝を書くことは、有名人の仕事であり、私のような平凡な主婦がすることではないような気がする。しかしずっと前から、私は自分の経歴や考えをありのままに娘のさ代子に伝えたいという、欲望に似た気持を抱いていた。ある意味で、彼女は私の命であるような気がする。いつか彼女が大人になったとき、母親の私がしたことが理解できないという日がくるかもしれない。

私の運命、そして彼女の運命、どちらも普通でないことは確かである。しばしば、朝、目を覚まし、日本のアパートの低い天井を眺めると、まだ桂林の家で夢を見ているような気がする――十三年間の歳月、幻のようであるが、確かに過ぎていった。

田中培龍、斎藤直成、莫邦富、戴延興、趙松柏の五人の先生及び、汪茵茵、崔静彧の二人の女史のご指導に深く感謝の意を表する。

唐　紹　赤

一　私の生い立ち

一九八八年五月三十一日、晴れた初夏の日だった。私の心は歌っていた。成田空港の出口で愿僧の姿を見た。

ガラス越しの陽射しは少しまぶしく感じた。グレーのジャンパーを身につけた愿僧を見るなり、時代遅れの印象を受けた。周りにいる明るい装いの日本人と比べて、明らかに暗い存在であるように感じた。その服は私が桂林でスーツケースに入れてあげたものだった。知り合った日から、私はずっと彼が普通の人よりお洒落であると思っていた。いつもベレー帽をかぶり、スーツ姿で、あの時代では珍しくネクタイを締め、鼻の下に生やしたひげはいつも丁寧に手入れされていた。既に来日して一年経った彼は、以前よりもっと外見に気を配るようになっていると思っていた。

彼は両手を高く挙げ、私に振っていた。口を歪めて笑い、大きな口が耳に届きそうに見えた。辺りはばからず大声で私の名を呼び、お蔭で多くの人に見られた。

彼と知り合ったのは五年前、キンモクセイの花が香る晩秋の夜だった。当時彼は三十四歳、私は二十五歳だった。母が勤務していた小学校の同僚が紹介してくれたのだ。紹介者の話によると、彼は文化大革命前に工芸美術学校に合格し、文化大革命中に農村へ下り（注……文革中、幹部や学生を農村などに派遣し一定期間鍛錬させる運動があった）、文化大革命が終わると都市に戻った。最初は絵の表装や、玉器の売買などを仕事にしていたが、後に水墨画を描き、絵の売買をはじめ、友人と一緒に画廊を経営するようになった。漓江のほとりに新築の家を建てたほどの金持ちだということだった。自分より九歳も年上で、学歴も私より劣る専門学校卒だった彼と付き合う決心をしたのは、そんな彼にあこがれたのかもしれない。

故郷桂林の名はキンモクセイ（中国語では桂花）が多いことに由来し、三万年前からすでに人類の萌芽がみられたと言われている。紀元前二十四年、秦の始皇帝が中国を統一した時代には、桂林は郡として区分されていた。この地は、清朝の雍正から乾隆の時代にかけての一代功臣である陳宏謀、民主主義革命期の馬君武、蒋介石時代の総統代理李宗仁など、著名な政治家を多数輩出している。

明朝初年、皇帝朱元璋が甥の朱守謙に桂林に属国をつくることを命じ、〝王城〟という屋敷を建てた。〝王城〟は現在でも桂林市の中心部に聳え立っている。数百年前に建てられたお城は依然として厳粛な雰囲気に包まれ、長方形の石で造られた塀には深い緑色のツ夕が生い茂っていた。

私は王城のたもとにある師範学院付属幼稚園で幼年時代を過ごした。門の前にある獅子の石像の姿が私の最も古い記憶である。当時、私はわずか一歳半、両親は〝大躍進運動〟で忙しかったため、私の年齢を偽って早目に全寮制の幼稚園に入園させた。私は当時の最年少の園児であり、背も一番小さかったため、しばしばいじめの対象になっていた。幼稚園は王城の東門の塀に囲まれていた。二階の窓からは漓江を見下ろすことができ、川の匂いが冷たい風に運ばれて園内を漂っていた。

町の中心であった王城周辺は、昼夜をたがわぬ賑わいをみせていた。太陽が昇り始める時間になるとねむの木の下に、ビーフン、揚げパン、粽、お餅、ワンタン、肉まんなどの様々な露店が軒を連ねた。女の子たちは塀の下に椅子を置いて座り、手箕を持って西瓜の種を選別したり、マッチ箱を作ったりしていた。リヤカーを引く人は首にタオルを巻き、上半身裸で鼻歌を歌いながら通り過ぎて行き、女性たちは竹の籠を手に、石畳を歩いて川のほとりへ向かった。通路は大勢の人であふれ返っていた。正午を過ぎる頃、王城の門をくぐり抜けて川へ泳ぎに行く人々のざわめきで、私は昼寝から目を覚まし、夢うつつの幻想にふけった。

幼稚園の窓越しに、遠くに見える土の塀を眺めることが好きだった。塀の上には草に埋もれ、頭の部分しか見えない大きな水がめが置かれていた。その清閑な佇まいには、長年の歳月に燻された、孤老の残映が滲んでいた。その水がめは何に使うの？　誰が使ったの？――この疑問が私の幼年期における最初の考え事であった。

父は母より十歳以上年上だった。親戚の紹介で結婚した。ともに教師を勤め、母は小学校、父は高校で教えていた。父は、羅漢果で有名な桂林地区永福県の出身で、県では指折りの秀才であった。新中国建国前に学生リーダーを務め、建国後は広西師範学院にしばらく在学していた。〝三民主義青年団〟（注……国民党支配の青年団体）に参加したことがあったため、もともと大学に残り、教師になれるはずだったが、桂林の名門高校――桂林市立高校で歴史と古典文学を教えることになった。父は〝生きた辞書〟というあだ名が付くほどの博学であった。私が小学校に上がった頃、普通の高校に転勤になったが、この世を去るまで教壇に立っていた。母の実家は資源県の地主で、土地改革で家族の中の男性すべてが鎮圧に遭い命を落とした。私の母方の祖母も飢え死にし、土地や財産もすべて没収された。十四歳だった母は桂林郊外に逃げ出したため難を逃れた。母ははじめ小学校で教師を勤め、後に父と結婚し桂林市内の小学校で教えることになった。

両親はそれぞれに階級の問題を抱えており、陽の当たらない、暗い人生を送っているように見えた。父は酒を飲まず、タバコが唯一の嗜好品であったが、長年健康にすぐれなかった。文化大革命がはじまると、それに拍車がかかった。度重なる監禁、暴力、自己批判のなかで、彼は健康とは無縁になり、心身ともに衰弱していった。深夜、しばしば父は大声で「バカヤロー！　このヤロー！」などと寝言を言ったため、私は夜を怖がるようになった。彼は温厚な性格で、普段はとてもやさしい人だったが、寝言で怒鳴っている父はまるで別人のようであった。そういうとき母はいつも彼の顔をたたきながら「あなた、あなた！」と起こすのであった。父は叫びながら身を起こし、夢から覚めると、頭を横に振りながら「哀れだ、紹赤。もう寝なさい」と私に言うのであった。

父が学生たちに批判され暴力を振るわれた時、私は七、八歳だった。出かけるとき父は毎日同じようなズボンをはいていた。土下座させられた時に少しでも楽できるように、それらのズボンはひざの部分が分厚い布で縫いあわされていた。父の顔、腹、腰などを教え子たちがベルトや革靴で痛めつける光景を見たことが何回もある。殴られた後、父は校舎の階段の踊り場に建てられた窓のない真っ暗な小屋に入れられた。母も面会を許されず、終わりのない自己批判の文章を書き続けることだけが日課だった。九歳の兄大雨と私は、毎日の食事を父に運んだ。父は食事がのどを通らず、顔が腫れててかてかと光っていた。肋骨を二本折られて、言葉を明瞭に話すことさえできなかったのである。私も彼らに〝国民党の残党唐世珍を打倒せよ！〟と叫ぶように言われたが、頑なに拒否した。しかし五歳年下（二、三歳頃）の妹小丹は言われた通りに叫んでいた。父が飴をあげようとしても無視した。このことは私の心の中に深い傷を負わせ、それから長い間、妹が嫌いだった。もう三十数年前のことである。これらの幼い頃の事情は彼女の記憶の中には存在しないだろう。

その頃私には友達が一人もいなかった。いつも兄と一緒だった。彼は同級生に殴られていたため、不良グループの一員となり、集団喧嘩に参加し、もう少しで逮捕されるところだった。当時の彼の仲間たちは、今はほとんどが社会のくずとなり、大学を卒業したのは彼だけであった。

物心がついた時から、我が家にはたくさんの鶏が飼われていた。この鶏は財産のすべてでもあった。とめどなく繁殖し、親鳥が小鳥を養い、その小鳥もやがて親鳥となった。大雨と私は放課後、交替で鶏の巣の下に敷かれている練炭の滓を掃除し、新しいものを敷くのが日課だった。私は毎日の卵を楽しみにしていた。採れた卵のほとんどは父に食べさせた。私たちの誕生日がくると、母は染料で赤く染めた二つのゆで卵をもって祝ってくれた。また、食用ネズミを飼ったこともあった。肉が柔らかく、それで作ったスープはとても美味しかった。ネズミは鶏と違い、手間がかからなかった。ネズミの餌は草だけで、ほかに飼料が要らなかったのである。

私たちが一生懸命に頑張ると、母はそれぞれに一分（注・０・０一元）の小遣いをくれた。この一分のお小遣いが私の幸せだった。それで漫画本を借りて読んだが、空腹に気づき、食品店のガラス瓶に入っている白くて柔らかい綿飴を買えば良かったと後悔することもしばしばだった。お金は貴重なものだった。両親とも農村の出身で、職場の学校は昇給がなかった。貧しい親戚が訪れたり、金を借りにきたりすることもしばしばあった。ましてや父の実家に祖母がいて扶養しなければならなかったのである。

懐妊中に栄養が足りなかったため、母はいつも私の身丈を心配していた。事実、クラスで一番身長の低い生徒だった。いつも前から一、二列目の席に座っていた。小さいわりには体が丈夫で、入院したことはなかった。注射や薬を飲むこともごく稀で、家族のためにお金を節約したことになる。私は元気いっぱいで、短気で落ち着きがなく、よく叱られたものだった。大雨は危ないと思ったらすぐに逃げたり謝ったりして要領が良かったのに対し、私は機転が利かず叩かれても状況がよく分からないことが多かった。しかし決して弱気を見せず突っ張っていた。母に言わせれば私は〝偏屈者で男の子よりも男の子らしい〟子どもだったそうである。中学二年の時、担任が若くてハンサムな男の先生に変わった。彼は私をクラスの副班長に選んだ。それなのに私は、彼が前の担任に対し払うべき敬意を払わないため、女生徒全員を率いて彼に反発した。このことが父の知るところとなった。

父は激昂して私の頬に二発、平手打ちをした。左耳がぶんぶんと鳴った。以後私は難聴となってしまった。「この恩知らずめ！」父は怒鳴りながら先生にお詫びの手紙を書かせようとした。私は嫌だったが、両親、特に父に迷惑がかかるのではないかと考え、いやいやながら先生に謝った。以来母が殊更に私の気性を心配するようになり、「お前のような性格では得しないよ！」と繰言のように言いつづけた。

しかし、このような特別な性格が芸術家を生み出すのだ――彼女はそう考えて自分を納得させていたようである。私には芸術家の素質があったように見えたからである。七歳の時既に漫画本を書いていた。九歳の頃には近所の子供たちに演劇を教えていた。十歳の時小説を書き始め不眠症に陥った。母は毎月一、二元を借りてきて私に絵の具を買い与え、絵の先生まで探してくれた。

十四歳の年に初潮を迎えた。体質のせいか、子宮に問題があったのか、月経のたびに下腹部が激しく痛む。そのうち生理が恐ろしくなり、恐怖心によって更に痛みが増していった。まったくの悪循環であった。以後、毎月一度死ぬほど痛い思いを味わった。学校の医務室で点滴を受けたこともあった。母は多くの民間療法を試したが、私には全く効き目がなかった。どうして女だけがこんな辛い思いをしなければならないの？　なぜ男にはないの？　女に生まれて苦しむ分だけ、私は強く生きて、男より良い暮らしをするんだとその頃から思うようになった。

一九七七年、ポスト鄧小平の時代になり、私は文化大革命後初めての受験生として、年末に広西芸術学院に合格した。当時、十年間も大学受験が中止されていたため、受験者の数も莫大なものであった。合格者はいうまでもなくごく一部であった。これにより周囲のわが家への目も改悛され、父の処遇も是正され始めた。父は嬉しさのあまり、近所中走り回って「合格だ！　合格だ」と連呼した。

しかし担任は師範部（注：教師を養成する学部）の先生だったため、私を彼の学部に留めた。私は大いに失望した。わけもわからず師範部に入ってしまったことを後悔した。中退しての再受験も考えたが、折角の合格を思うと諦めざるをえなかった。早く卒業すれば就職も早い。家族の負担を軽減するためならば仕方がない、と自分を納得させた。一生懸命に絵の勉強をして、腕が良ければ美術館や博物館にも転勤できるし、大学に残り研究を続けることも考えられるのだ。

私は版画、油絵、水彩画等を描いたが、国画（水墨画）だけは習わなかった。西洋崇拝で祖国の芸術を蔑んでいた。中国のあらゆる文化、芸術に興味を示すことができなかった。唐詩の一首も暗記できず、『紅楼夢』すら読み終えることができなかったのである。私の描く絵も怪しげなものが多かった。常に新しいものを追い求め、他人と同じものでは満足できなかった。創作絵を描くとき、私は暗いタッチを好み、人物像も醜く変形させた。おかげで先生たちの不興を買った。「これが美術？　醜悪だ！」と言われ、みんなの前でデッサンにバツを書かれたこともあった。嫌われると分かっていても頭を下げることはできなかった。自分の本心を欺くことはできなかった。日常生活は嘘に塗り固められている。絵を描くときだけは真実を描きたい。それができなければ描くことをやめてもいいと思っていた。一方で自分は天才でないことも思い知らされていた。学校では勤勉家だと認められていたが、絵の出来はそれほどでもなかった。卒業後、桂林のある中学校で美術教師となり、後に南区の繁華街にある専門高校に転勤した。

卒業の翌年、父はガンを患ってついに帰らぬ人となった。母は再婚した。義父は東北地方錦洲の出身で、鉄道局で人事の仕事をしていた。兄大雨はすでに家庭を持っていたため家を出ていた。義父の三人の子供も結婚し、或いは結婚しようとしていた。生活の様相が一変し、私は一気に大人になったような気がした。夢見ることをやめ、現実を重んじるようになった。そろそろ適当な相手を見つけ家庭を築かなくてはと思うようになった。それで何人ものボーイフレンドと付き合ってはみたが、すべて成就せずに終わった。

愿僧に対しても、最初はあまり熱心ではなかった。絵は描くものの、所詮商売人である。学も低く、画家というより絵の職人である。三日間の大雨の後、紹介人が彼を連れてきた。

その日の昼は空が真っ青に晴れ、雲ひとつなかった。もしかして〝縁〟が訪れたのかもしれないと思った。愿僧は当時稀に見るベレー帽をかぶり、低い鼻の下にひげを生やしていた。これも当時では珍しかった。彼の瞳が特に印象的だった。濃いまつげの下に詩的とも言える、きれいな目をしていた。

しかし口を開くと、優雅な外見はすぐさま壊れた。彼はお喋りで、話し出すと止まらなかった。生まれつきユーモアのある性格で、冗談や人の真似が好きで、聞いているほうは笑い転げてしまう。笑うと彼の口が少し歪み、耳を引っ張っているようにみえた。

私たちはずっと前から知っているかのように、紹介人を無視して桂林の絵画界について話し込んだ。彼は今まで会った人の中で一番気の合う人のように感じた。くつろいで色々な話をした挙句、彼こそ探し求めた人だと私は直感したのである。彼のほうも同感だったように見えた。始終笑みを浮かべ、とても上機嫌だったからだ。紹介人は話に割り込めず、仕方なく母と小学校のことについて話していた。

その後付き合いが深まるにつれ、直感は確信に変わっていった。彼の水墨画の基礎はしっかりしたもので、趣味も嗜好も上品だった。その上私と同じ難聴であった。デートで映画を見に行った時、二人とも最前列の真中に座り、互いに今の台詞聞こえた？　と言うのである。難聴のせいで声が大きくなり、相手かまわず大声で話しかけるのであった。

後で分かったが、ベレー帽をかぶっていたのははげた頭を隠すためであった。彼は父親の遺伝で若い頃から髪の毛が抜け始めており、仲間は彼を〝つるっぱげ〟と呼んでいた（後に〝禿げオーナー〟に変わった）。彼は人が言うほど裕福でないことも分かった。荒っぽい金の使い方は人に見せるためであった。二人が深い関係になってから、彼は金銭管理を私に任せた。彼の収入は普通のサラリーマンより少しだけ多かった。新居も妹の愿寧と一緒に建てたもので、大工さんも頼まなかった。もともと私は彼の経済力に惹かれて付き合うようになったが、本当のことを知っても今となってはそれほどがっかりしなかった。ただ彼の見栄っ張りが気になった。大学の教育を受けていない、ただの職人に過ぎないと思った。私は職人になるつもりはなく、芸術的なレベルも彼より高いものだと示すため、彼の生業である商品画の研究や商法は歯牙にもかけなかった。

愿寧はすでに結婚して家を出ていたため、私たちは結婚後すぐに彼の両親と同居した。場所は七星公園の前、古い花橋頭（注……地名）の屋敷であった。この屋敷は彼の祖父が残した財産である。彼の祖父は桂林の最も早く成功した資本家の一人で、彼が創り出した唐辛子味噌は現在の桂林でも評判である。中国建国後、この屋敷は一度政府に没収されたが、後に返還された。愿僧の新居は二階建てで、私たちは二階に、義父母は一階に住むことになった。祖父が残した方の古い家は空家だったため、二階を物置に、一階を私のアトリエにした。

私は漓江の川辺での写生が好きだった。夾竹桃と竹の陰を眺めるのも好きだった。漁師たちの日焼けした背中が、強い照りの中で光っている。水の中ででんぐり返しをしている子供たちは、照りが強くなるとパンツを頭に覆い被せる。私は拾ってきた石に絵を描いたり、マッチ棒、木の葉、玉ねぎの皮などで貼り絵を作ったり、木の板でプロピレン水彩画を描いたりした。日本の画家東山魁夷の作品に出会ったのもその頃で、その静謐なタッチがなぜ、かくも深い感動を人に与えるのか不思議に思った。その年に私は桂林市美術審査委員会の委員に選ばれた。唯一の女性委員であった。

義母は専業主婦で、自分の名前しか書けず、数十年間夫と子供の世話ばかりを繰り返してきた。私に対しても労を惜しまず、稀に皿洗いや布団の洗濯を手伝わせる程度で、炊事、掃除の一切に手を出させなかった。妹愿寧はしばしば夫とともに御飯を食べに帰ってきた。それに対し愿僧は外食が多く、客や友人の接待に明け暮れていた。

義父は酒好きで、食前に必ず〝桂林三花〟酒を一杯飲んだ。飲みはじめると義母にくどくどと横柄な口調で説教を始め、それが食事が終わるまで続いた。彼女はちょっとした事で夫に文句を言われた。胡椒が多過ぎたとか、ラードが少ないとか、肉が硬すぎるとか。彼女は決して言い返すことなく、茶碗を見つめ頭を下げて夫の説教を聴いていた。父も後には改心してそうした態度をとらなくなったが、義母はいつも逆らわなかった。そして後でこっそり、近所の奥さんたちは夫に椅子を投げつけられることもある、うちの旦那は口だけで手を上げることがないからマシな方だ、と私に言うのであった。

愿僧は酒好きではなかった。酒とタバコは交際上必要なだけにとどまった。父親とは正反対に、彼は私に礼儀正しく、喧嘩もなく、私が機嫌を損ねるとすぐ謝るのであった。例え私がわざと挑発したとしても、咎をわが身に引き受けるのである。私の勧めで彼は丸坊主になり、愛用していたベレー帽をやめ、口ひげだけを残し、すっかり風貌が変わった。「蒋介石みたいだね」鏡の前で彼は坊主頭を撫でながら言った。私と結婚したことは彼の自慢だった。同級生の中で大卒の妻をもらったのは彼だけだったからだ。

彼の店は濱江大通りにあり、裏道で日本の古着を仕入れていた。古くて汚かったが、デザインはモダンだった。彼は仲間と一緒に、国産新品の二倍の価格で売り、あっという間に完売した。私たちは最も良質な物を数着選び、毎日違った服を着た。それを機に国産服は着なくなった。古着が完売すると、彼は店を閉め、友人と一緒に画廊を経営することにした。桂林に限らず、杭州、蘇州、上海にも赴き、また桂林に帰ってきた。しかしこれは儲からなかった。彼はすべて運が悪いの一言で片付けた。

外国人との接触で彼の世界が広がり、自慢のもとができたため、彼はほらを吹くようになった。彼が言うには客の中で日本人が最もスケベで、ほかの外人と比べ話題が下品で女をバカにしたり、女性店員を挑発したりする。ある日本人客が人前で妻に平手打ちを食らわし、同じ団体の日本人たちは見てみぬふりをしたのをこの目で見たと言った。それ以来、日本人のイメージは彼の中で悪くなったらしい。しかし日本人の服装やカメラ、ビデオカメラなどには興味が尽きないようだった。

その教師は同僚だった。彼女は日本へ〝就学〟に行く予定だった。彼女の婚約者は旅行社の日本観光団体のガイドを務めていたが、一年前に東京へ行ったのだという。彼の手により、何人もの通訳、ガイド、画廊オーナー等が日本に行き、良い暮らしをしているという噂であった。この教師は、お金を払えば私たちのために日本語学校、保証人を世話すると話してくれた。

私たちは興奮した。崇善通りにある回教徒の店で牛肉ワンタンを食べながら、日本へ行くことについて相談した。この日私はワンタンを一気に三杯たいらげた。愿僧は驚き、「食べ過ぎだよ。薬を飲んだほうが良い」といいながら、自分の残りも食べさせてくれた。

病院で検査した結果、妊娠が判明した。日本へは愿僧一人分の手続き料を払い込み、彼が先に行き、私は子供を生んでから後を追うことにした。

話はとんとん拍子で進み、早くも愿僧の出国許可が下りた。愿僧と同行したのは旅行社の梁さんだった。出国にあたり彼はわざわざ印鑑彫りと調理の勉強をしたという。梁さんの友人、フリーガイドの金さんも子供二人を日本へ送る予定だった。金さんは満州出身で、小さい頃に日本の教育を受け、流暢な日本語を話す。定年後旅行社に誘われガイドを務めるようになり、ちょっとした金儲けができたと噂されている。

この金さんに日本人の友人がいた。この友人は東京の区会議員であり、戦時中中国に来たときの傷跡が体に残っているという。日中友好に熱心で、団体を率いて桂林を訪れた際、金さんがガイドを務めた縁で親交ができたものらしい。私たちは金さんと一緒にホリデーインホテルでその議員さんに会った。名前は川島、年齢は七十近く、お相撲さんのように太っていた。話好きで明るく、少し北京語を話せる人であった。旅行団のメンバーには橋本という人もいた。かつて川島の部下だったという。この人は逆に竹竿のように痩せていて、余分な肉がなく、風に飛ばされそうにみえた。

愿僧は結婚時に用意した布団と枕、着衣のすべてと一ヶ月分のインスタントラーメンをスーツケースに詰め、商売用の画帖と掛軸を持って出発した。彼は父から借りたお金をすべて日本円に換金し、規定以上の外貨を持ち出すことがばれないよう、通関時それを靴下に入れ、腰に縛りつけた。梁さんは外貨を靴の下敷きの下に隠したため、税関職員に見つかり全部没収される羽目になった。金さんの息子は二日後に出発した。彼はそれほど外貨を持っておらず、このような問題は起きなかった。しかし愿僧や梁さんと同様に、彼も荷物の重量オーバーで罰金を受けた。

東京に着いた愿僧と梁さんは、まずその教師の婚約者に会い、手続きの残金を支払い、それと引き換えに日本語学校と保証人の資料を手に入れた。世話人自身も多忙で、自分のことで手一杯であることを知り、彼らは川島さんと橋本さんの許を訪ねることにした。彼らは世話好きだった。川島さんは今後の愿僧の保証人を引き継ぐことを約束し、橋本さんは住まいのある西巣鴨付近でアパートを見つけてくれた。梁さんは日本語ができるため、自身で赤羽のアパートを見つけた。金さんの娘も来日し、兄と一緒に住むことになった。金兄妹は川島さんらと直接の知り合いであったため、日本語学校も川島さんが斡旋した。一人の日本人が複数の身元保証人になることは、原則として認められないが、川島さんは議員であるため、多数の中国人の保証人になっていた。

愿僧は昼間日本語学校に行き、放課後は絵を売った。川島さんが紹介してくれた数人の客が何枚か買ってくれたが、それ以来、もはや絵を買ってくれる人は現れなかった。絵画展示会を開くにはスポンサーが必要だったし、明らかに儲けのない話に誰も乗るわけがなかった。東京人はそれほど中国絵画に興味を示さない。高価な上、長い掛軸は都会の住まいに合わないのだ。やがて梁さんも印鑑彫りの夢を諦め、校長の推薦で赤羽のある葬儀屋でアルバイトを始めた。愿僧も同じ葬儀屋で屏風を描く仕事に誘われた。月給は十二万円。貯金する余裕などなかった。しかしすぐ帰国することも躊躇われた。あてのないチャンスを求め、彼らは残った。持ってきた日本円は既に底をつき、家賃と学費のためにアルバイトをするほかなかった。特に愿僧はもう若くなく日本語もできないため、仕事を選ぶ余地はなかった。

一九八七年七月二十八日、一年で最も暑い日に、桂林医学院で娘を出産した。愿僧の代わりに母が付き添ってくれた。私は骨盤が小さい上、胎児が頭位ではなかったため、三日間も苦しみ、最後に促進剤を注射してようやく生むことが出来た。足を縛っていたベルトの一本が切れてしまうほど私は必死に気張った。自分に牛のような力があったことに驚きながら、もう二度と子供を産まないことを自身に誓った。

退院後、赤ん坊を連れて愿僧の家に帰った。ところが娘は生後一週間で敗血症になり、病院から「危篤通知書」が送られるほどの重症に陥った。小さな頭に注射針が挿され、十五日間集中治療室で過ごした。

妹小丹がやってきて、産湯をちゃんと沸かさなかったので、臍から細菌が入ったのだと、義母に厳しく文句を言った。処置が早く、命拾いしたことが僥倖であった。娘には祖母の苗字である〝舒〟を取り、〝近舒〟と名づけた。

出発日が近くなると、母が近舒の母乳離れを手伝ってくれた。近舒は意地っ張りで、母乳以外のものを頑なに拒み、出発前夜までオッパイを探し求めた。私は寂しさのあまり、継父と一緒に酒を飲んで酔っ払い、朝まで歌い、喋りつづけた。

成田空港で一年ぶりに愿僧に会った。彼が急に老け込んだように見えた。私の記憶に残っていたあの明るくさっぱりした、活力に満ちた姿は消えていた。彼の顔は乾燥し、皺も多かった。顔をずっと洗っていなかったかのように、肌が濁っていた。髪の毛も伸び、禿げたてっぺんの周りに油ぎった長い髪がのっていた。全体に老けてうす汚く、四十歳以上の男に見えた。私の想像では、彼が毎日洋食か和食を食べ、若返っているはずなのに。彼の手紙にはいつも忙しい、プレッシャーばかりだ、日本での生活は〝外国の農村鍛錬〟だなどと書かれていた。楽天家の彼がそう言うのだから、相当な辛酸を舐めていたに違いない。本や映画で知った日本は天国に近い美しい国であったのに、愿僧はそんな国にはいなかったようである。

空港バスに乗り込み、我慢できずに大声で娘のことを話し出した私に、彼は「シー」と言いながら静かにするよう合図した。見まわすと満員バスの中で、大声で喋っていたのは私だけだった。乗客は冷たい目でこちらを眺めていた。私は中国の賑やかなバスを思い出し、日本人はおとなしいのだと思いながら、この静けさに居心地の悪さを感じた。口をつぐみ、大きく膨らんでいた心も小さくなった。

愿僧は地図を手に何人もの日本人に聞いた後、やっと私を電車に乗せた。彼自身はどうやって空港に来たのか不思議だった。来日して一年も経ってまだ電車の乗り方が分からないのと文句を言うと、彼は「仕方ない」と答えた。電車が東京都内に入ってきた時、自分でも同じように迷うだろうと悟った。東京は限りなく大きく感じられ、摩天楼が聳え立ち、人の波が押し寄せる。それに比べて桂林は何てちっぽけなんだろう。

西巣鴨についた頃、既に暗くなっていた。駅からアパートまでの路地に川島さんの写真が多く貼られていた。愿僧によれば、川島さんはこの辺りで人望が高く、七回連続豊島区議会議員に当選したらしい。最後の選挙は半年前に行なわれ、愿僧、梁さんと金さんも選挙活動を手伝ったという。

アパートは「井田荘」という名前であった。二十数年前に建てられ、大家さんは一階に住み、二階の十数部屋が賃貸だった。階段の前の部屋を愿僧が借りている。ドアの枠が歪み、床もドアも埃にまみれていた。みすぼらしい部屋ではあったが、橋本さんが大家さんに頼みこんでやっと借りることができたのである。橋本さんは大家さんとは遠縁に当たる親戚であった。部屋は四畳半しかなく、桂林のアトリエのほうが大きく感じた。部屋の外の賑やかな都会とはまるで別世界だった。愿僧の布団は壁に沿って置かれ、壁に掛けてあった服は桂林で見慣れたものばかりだった。唯一、部屋の真中に置かれているテーブルのようなものが目を引いた。愿僧に聞くと〝コタツ〟といって冬に欠かせない物だという。ドアの横に水道とガスコンロがあり、キッチンの役を果たしていた。トイレは共同であり、廊下の隅にあった。

足元に何かが這ってきた。黒くて微かに光っている。ゴキブリだった。私はたちまち鳥肌が立った。お化けと人間は怖くないが虫だけは苦手で、特にゴキブリのようなものは恐ろしかった。桂林ではとうの昔に絶滅し、アトリエにもいなかった。続いてコタツの下や隅から同類が出てきて、堂々と畳の上を行き来しはじめた。「本には書いてないだろうが、ゴキブリは日本の一大特徴だ。こんなスラムに住んでいて、こいつがいないと却って不自然だ。桂林のハエだと思えばいい」愿僧はこともなげに言うと、パリッと音をたてて踏み潰した。ひしゃげた死体をごみ袋に放り、慌しく川島さんのお土産を探しながら、「早く行かないと失礼だ」と私を急かした。

行く前にシャワーを浴びたいと言うと、赤い洗面器を渡された。蛇口を指してここが風呂だと言った。アパートの近くに銭湯はあったが、愿僧は一度も行ったことがないという。一度に三百七十円もかかるからである。彼は一分百円の自動シャワールームを利用していた。どんなに寒い日でも裸体に石鹸を塗り、それからお金を入れる。そうすれば一分以内に泡を落とせるからである。彼がシャワーを浴びるのは十日に一度だった。着いたばかりの私は当然十日を待たなければならなかった。

「おれはまだいいほうだ。来日してこのかた体がお湯に触れたことのない人は大勢いる。だから中国人は豚の匂いがする。顔を見ずとも匂いだけですぐ中国人だとわかる。けど百円は換算すると八、九人民元だ。そんな大金を使って風呂に入るか?」彼はインスタントラーメンを作りながらそう言った。私は言葉もなかった。体を屈めて蛇口の下に蹲り、洗面器に汲んだお湯で少しずつ体を拭いた。ラーメンを食べると川島さんのお宅へ急いだ。

川島さんは西巣鴨駅の向かい側の滝野川で蕎麦屋を営んでいた。普段は奥さんと息子さんが営業し、彼は暇な時に手伝うのであった。愿僧はいつも蕎麦屋で川島さんと会うらしい。入り口の青い暖簾をくぐると、お湯にたゆたう蕎麦粉の匂いや醤油の匂いが鼻腔をくすぐった。私たちが店に着いたとき、一家は売上の計算をしていた。

川島さんはおそろしく太っていたが、いつもせかせかと動き回っていた。めったに腰掛けることなく、動きも素早かった。話好きで、口を開くたびに大きく息をついた。彼はまた愉快な人物であった。身振り手振りで怪しい中国語を話し、私は我慢できず吹き出してしまい、旅の疲れと初対面の緊張感が消えた。川島さんは老後、桂林で日本人観光客を相手に鮨の店を出すのが夢らしかった。私は桂林の習慣で彼を「川島先生」と呼んだが、彼は「だめ、だめ」と頭を横に振り、「おじさんでいい」と言った。奥さんは金の縁どりのメガネをかけ、身長は普通だったが、夫の側に立つと子供に見えた。娘夫婦はフランス留学時代に知り合ったらしい。話が合うように思えたが、「こんにちは」と「ありがとう」以外何も話せなかった私とは筆談しかできず、会話を交わすことはできなかった。

挨拶を済ませると、その足で今度は橋本さんのお宅に向かった。橋本さんは川島さんの部下だったが、年は彼より上で、七十二、三だった。愿僧の顔を見るなり、彼は目を輝かせ、私たちが座るや否や、奥さんにペンと紙を持ってこさせて日本語を教えようとした。見ると、応接間の壁に愿僧の山水色紙と掛軸が飾ってあった。

私は橋本の奥さんが気に入った。このお婆さんは夫の二倍以上の横幅を誇り、歩くことさえ困難に見えた。用が終わるといつも「よっこらしょ」と畳の上に座り込んだ。彼女は私のことを「紹ちゃん」と呼んだ。愿僧に聞いたら、日本人は男を「君」、女を「ちゃん」と呼ぶという。橋本さんの娘二人は既に嫁に行っており、私を娘のように可愛がってくれた。愿僧のことも「愿ちゃん」と呼んでいた。彼を子供のように思っていたからかもしれない。それ以来「紹ちゃん」が私の名前となり、川島さん一家もそう呼ぶようになった。

帰りに私たちはごみ捨て場に行った。前の日愿僧が捨てられたばかりのカラーテレビを目に留めていたのだ。夜が明ける前に拾ってこないと他の外国人に持って行かれる可能性があった。私たちはやっとの思いで家に運び込み、それを部屋の片隅に据えた。

翌日、安い中古自転車を購入して愿僧に近辺を案内してもらった。私たちの住まいは豊島区にあり、池袋の近くだった。いくつもの商店街があり、アパートに最も近いのは飯田百貨店である。店舗は道路を挟んで二つに分かれ、片方は食料日用品、片方は衣料館だった。桂林と違ってここの食品はすべてラッピングされ、整然と並べてあった。生姜の一片、ニンニクのひとつでも箱に入れてあった。店内の照明は食品をきれいに照らすことに腐心し、品々は食料ではなく工芸品のように見えた。野菜は肉よりも高く、果物は更に高価だった。りんごひとつで卵十個が買える値段だった。卵の安さに私は喜んだ。百円あまりで十個買える、中国よりも安かった。店を出た時、私の袋は卵ばかりだった。

道路脇の八百屋にも野菜が売られていたが、包装せずに一塊ずつ板や地面に置かれていた。値段もとりわけ安く、私たちは考えた末キャベツをひとつだけ買うことにした。桂林では新鮮な野菜がいつでも手に入ったため、キャベツと白菜は食べる人があまりいなかった。キャベツは豚の飼料として使われており、私も食べたことがなかったのである。しかし愿僧によれば、キャベツは日保ちがよく、その上値段が安いという。「ある福建省出身の人が餓死した」と彼はクラスメートのことを話した。私は信じなかった。今の時代、この日本で、人はどうして餓死できるのか？　愿僧のいつものほら話だと思っていた。

自動販売機の前で私は止まった。様々な缶ジュース、飲料水が午後の太陽に照らされ誘惑の光を放っていた。私は生唾を飲んだ。しかしどれもが百円である。中国では娘の洋服が買える値段だった。愿僧はよく見てからボタンを押さないとだめだと言った。以前、彼が缶に書いてあるカタカナがよく読めないため、手当たり次第に押したら、ウーロン茶が出てきた——中国では一分で一杯飲めたものだった。

「お茶も売り物にする。日本人は悪いね」。彼の経験を聴いた私は、飲むのを諦めた。大切な百円でお茶を買ってしまうのが怖かった。同時に、仕事が見つかりお金を稼げるようになったら、真っ先に日本のあらゆる缶ジュースを飲んでみることにしようと心に誓った。

翌日、愿僧は学校と仕事に出かけた。私は学校の手続きまで時間があったため、買ったばかりの自転車に乗って、長い間憧れてきた日本を見学することにした。まず池袋方面へ向かったが、どうしても駅近辺を抜け出すことができなかった。東京は想像以上に広く、まるで巨大な迷路のようだった。最初から方向を見失い、家へ帰る道すら見失った。幸いまだそう遠くへは行っておらず、沢山の路地をうろつき、四苦八苦して彷徨った挙句、ようやくアパートに辿り着いた。次の日から私は慎重になった。大通りだけを通り、曲がり角へは足を踏み入れず、裏道は一切通らないことにした。

最初の一週間を私は興奮の中で過ごした。東京の清潔感、東京人のモダンな装いに私は胸をときめかせた。すべてが新しく未知なもので、魅力的だった。お金がなければお茶も飲めないが、チャンスに満ち、至るところに〝アルバイト募集〟の張り紙が見えた。私は一刻も早くこの生活に溶けこみたくなった。

二　日本の生活

私の学校は王子駅の近くにある『昭和日本語学校』であった。梁さんが紹介してくれたもので、彼もここの二年生であったが、私は学校で彼と会ったことがない。彼は日本語ができるため勉強が必要ではなかったのかもしれない。或いはビザを全く気にしていなかったのかもしれない。とにかく学校にはほとんど来なかった。

校舎は四階建てビルで、事務所は二階にあった。ガラス越しに、壁に掛けられている遺影を目にした。遺影の下に白い花が悲しげに飾られていた。就学生の死亡については愿憎から既に聞いていたが、ここではニュースになっていなかった。死者は上海出身の学生で、二日前に過労で亡くなった。話によれば、彼は来日して一ヶ月で三十万円も家族に送金したそうだ。一日平均十数時間も仕事をし、いくつもの仕事を兼ねていた。毎日数カ所に移動し電車の中で仮眠をとり、食費を惜しんでインスタントラーメンしか食べなかった。多忙のため家は必要なかった。知り合いの住むアパートに荷物を置くスペースだけ借りた。倒れた時も病院へ行くことを拒み、次の送金を計画した矢先、帰らぬ人となった。享年三十歳。彼の家族はその三十万円をどんな気持ちで受け取ったのだろう。

教室はいつも賑やかだった。勉強の場というより、スーパーマーケットのような感じだった。クラスの十数名の中国人学生はみんな上海か福建省の出身で、上海人が多かった。私と同様、みんなも日本を金儲けの天国だと想像していた。目的も揃って金儲けであった。あらゆる情報が飛び交っていた。どこが中国人を雇うとか、どこの時給が高いとか。教室は情報市場になり、聞く人、聞かれる人みんな待ちきれずイライラしていた。

しかし身分は学生であり、学校への出席日数が足りないと、日本政府にビザの発給を拒まれ〝在留資格〟を失ってしまう。そのため、〝出席日数〟は身元保証人と同様に日本滞在の必須条件であった。私たちはタイムカードのようなもので授業の始めと終わりの時間を機械に挿入して記入しなければならない。カードを押して帰る人も、人に頼んで押してもらう人もいた。そうしない人は始終机にへばりついて眠っていた。

私は一番遅く学校へ来た人のようだった。他の人たちはもっと前に来て、既にアルバイトを始めていた。彼らはしばしば「新宿」、「銀座」について話し、そこのバーで高い時給をもらっていると話していた。「バー」という言葉をはじめて聞いたのはその頃だった。それに伴い「ホステス」という言葉も耳にした。彼らの多くは来日の手続き料を払うために借金し、来日してからアルバイトで稼いで借金を返済しなければならなかった。私は彼らの度胸に驚きながらも内心では軽蔑した。知らず知らずのうちに上海と福建の学生とは距離を置くようになった。

先生は四十歳代の女性で、専業主婦をしながら学校でパート勤めをしていたらしい。蚊の鳴くような声で話した。学生たちは終礼が終わらぬうちから教室から出て行き、タイムカードを押すと一目散にそれぞれの仕事場に走った。時は金なり、早く仕事を見つけなくてはならない。私はすでに一週間もの時間を無駄にしていた。

西巣鴨駅の向い側にクリーニング店があった。前に近辺を探索した時に、そこにアルバイト募集の張り紙があったのを目にしていた。私は勇気を出して店内に入り、筆談交じりに店員と交渉した。彼女はオーナーに電話連絡した後「ＯＫ」と言った。場所は西巣鴨から三駅離れた白山工場であった。彼女は申し訳なさそうに、時給は六百円だと紙に書いて見せた。私はすぐに同意した。多少時給が安くても仕事があれば、お金は貯まるのだ。放課後すぐに自転車に乗って、王子から約一時間もかかる白山に向かった。電車賃は工場が出す。自転車で行けば電車賃が自分のお金になると考えた。

しばらく探してようやく屋根の低い工場を見つけた。中は白い蒸気に包まれ、暑苦しく湿った空気の中に、四人の作業員と機械がみえた。三十歳代のオーナーが、大汗をかきながら仕事内容を説明してくれた。言葉は理解できなかったが、彼の手振りで仕事は単純であることがわかった。洗い終わったシャツを機械の下に置くと、〝カチャッ〟という音を立て、シャツは自動的に袋に入れられていく。私は機械と一緒に動くだけでよかった。他の作業員に倣って両足を踏ん張って立ち、仕事に取り掛かった。想像以上に辛い作業だった。休む暇はなく、神経を集中させてリズムに乗り、シャツを機械の下に入れなければならない。しばらくすると目の疲れを感じ、機械についていけなくなった。過酷な労働だった。脳裡に愿憎の言葉が甦った——都会での農村鍛錬。私もついに仲間入りしたのだと思った。

僅か六時間だったが、六年ほどの長さに感じた。両足を引きずるようにして工場を後にした。ペダルを漕ぐ足は鉛のように重く、他人のもののように思えた。朦朧とした意識の中ではっと気づいた。多くの中国人女性が夜のバーでの仕事を選び、このような言葉の要らない単純労働を相手にしない理由が分かった。中国人は経済力がない上、毎日学校へ行かなければならない。それによって日本での長期滞在が保証されるのである。クリーニング屋のアルバイトでは最低限の生活は維持できるが、例の上海人みたいに過労死したくなければ別の道を探すほかない。

その夜、私の考え方は大きく変わった。クリーニング屋へ行くのをやめ、六時間の給料も契約を破ったお詫びとして貰わないことにした。

愿僧に連れられ葬儀屋の社長に会いに行った。会社は赤羽にあり私の学校には近いが、愿僧の学校からは二時間もかかる距離だった。

社長は大きな体つきで、不精鬚を生やしていた。愿僧と梁さんはかげで彼を「ひげ」と呼んでいた。ひげ社長は私の練習作品をみて頷いた。私さえ良ければ、愿僧と同じ月給で屏風を描く仕事を与えるという。しかし、愿僧が描いた屏風と梁さんの印鑑彫りを見て、ここは私には合わないような気がした。愿僧の屏風はすべて日本画風で、筆使いが細かく丁寧だった。それは私にはない技術だ。また、せっかちな性格で途中で諦める可能性も大いにあった。商品となる絵と絵画はまったく対立していると思う。絵画は売り物にならず、商品となる絵は私には描けない。私は社長の誘いを断った。

愿僧に連れられ再び蕎麦屋の暖簾をくぐった。川島さんはエプロン姿で蕎麦を茹でていた。愿僧が用件を話すと、彼はすぐ承諾し、エプロンを脱ぐと私を連れて池袋へ向かった。そこに知り合いの居酒屋があり、アルバイトを募集していたのである。

ママさんは着物姿で、正座して私たちを迎えた。川島さんは愿僧の水墨画をプレゼントしてから、私を指して色々と話した。ママさんはニコニコしながらすぐ来るよう私に言った。ここでは時給制ではなく、夕方五時から十一時半までで、日給は五千円。私の二つ目の仕事はこうして決まった。

ここには一ヶ月前に川島さんから紹介された桂林の女性がもう一人いた。名前は阿倉。やはり夫に呼ばれて来日したのである。彼女は私より四歳も年下で、三歳の息子を姑に預けて日本に来たという。阿倉は大連外国語学院で一年間日本語を学んだうえに、桂林で半年間ガイドを務めていた。そのせいか異国にいる焦りはみられず、落ち着いて見えた。人柄も謙虚で、桂林仲間には「先生」と呼ばれていた。

彼女の夫はあだ名を「太公」といい、桂林にいた時やはり画廊を経営していた。彼も同じ教師の手によって来日したが、その苦労に耐えられず、三日目で仕事をやめてしまったらしい。「クソッ、人間の暮らしじゃない！」と彼が言ったそうだ。それもそのはず、彼の桂林での暮らしは日本よりずっとよかった。お金もコネもあり、何事も思う通りにできたのに対し、ここでは並みの生活さえできなかった。阿倉は彼と意見が合わず、日本語学校を卒業したら大学へ進学するつもりだった。彼は妻を置き去りすることもできなければ、お金でビザを買うことも嫌だったため、しばらく留って様子を見ることにした。しかし学校へは通わず、家でテレビを見たりファミコンをやったりし、しばしばパチンコに行き、よく負けた。汗水たらして勉強と仕事をするのは阿倉だけであった。

私たちの仕事は着物姿で料理と酒を運ぶことと、たまに客と会話するだけの真面目な内容だった。仕事は簡単だが、着物の着付けが面倒だった。和風居酒屋は並みの酒屋よりやや高めで、客も身分のある人が多く、川島さんもしばしばここで他の議員と会っていた。その中に椎名町に住んでいる女性議員がいた。彼女は医者の未亡人だった。夫が亡くなってから病院は廃業となったため、彼女は阿倉に空家となった病室に住むように誘った。阿倉は家賃を払わずにすみ、他にもこの議員から色々と面倒を見てもらえた。阿倉の幸運は私に語学力の重要さを認識させた。彼女が日本語を流暢に話すことができなければ、こんな幸運に恵まれなかっただろう。

しかし阿倉は大学へ行くための学費を貯めるには、この店の給料が安過ぎると思っていたようだ。だが、川島さんのメンツもあってやめることは躊躇われた。私もここに満足できなかった。大きな理由はやはり給料の安さである。意見が一致すると話は早かった。私と阿倉は一緒に辞めることにした。ママは渋々ながら了承した。暇な時遊びにくるよう言ってくれたが、私は内心もう二度と来ないだろうと思っていた。時間を無駄にしたくなかったのである。当たり前だが川島さんは私たちが辞めたことを知ると、怒った。私たちは昼間のうち働き夜は勉強したいと嘘を並べ立てた。良心が痛んだが、仕方なかった。

私はバーでホステスをやることを心に決めていたのである。外国人として、これ以外に給料の高い仕事を見つけることは困難であった。もちろん心細い思いもした。ネオンが光る夜の町は、果たして私たちを受け入れてくれるだろうかと心配であった。

ネオンが東京の夜空を染める頃、私たちは池袋西口に着いた。公園の向かい側に六階建てのビルがあり、五階の看板にはアルファベットで「ＪＯＪ」と書いてあった。求人公告で見た唯一の〝外国人可〟のバーであった。建物の上階は麻雀屋で、下はストリップ劇場になっていた。太公、梁さん、愿僧の三人が一度ストリップを見に行ったが、愿僧の話しでは、自分は付き合いで行っただけで、途中で逃げ出したくなったと言う。本人が行きたくなければ他人に引っ張られても行かないはずだと私は思った。

面接はここのママが行なった。顔色が黒く、眼の下に顔よりも黒い隈があった。四十代か五十代位だった。交渉はすべて阿倉に任せ、私は日本語が話せないことがばれないようにずっと黙って俯いていた。ママはタバコを吸っていた。声はガラガラで顔を見なければ男だと思われるほどだった。動きも男っぽく、しばらく私たちを眺めた後、明日から来るように言った。パスポートや外国人登録証も見ず、年齢だけを聞いた。正直に私が二十九歳、彼女は二十五歳と答えた。ママは客の前では独身で恋人もいないと言うように念を押した。国籍を聞かれたら〝香港〟だと答えるようにとも言われた。店で使う源氏名は自分でつけるように言われたので、阿倉は「百合」、私は女優の南野陽子が好きだったので「陽子」という名を選んだ。

日本出入国管理法の規定では、外国人留学生が風俗店で働くことを禁止していた。つまり外国人を雇う側も危険を冒しているのである。店が逼迫した状況でなければ、ママは私たちを雇わなかったであろう。後になって分かったが、私たちが雇われる前に、二人のホステスが店を辞めてしまっていた。ママは窮地に立たされ、選ぶ余裕もなかったらしい。日本人を雇うより時給が安くて済むことも一因であった。私たちの時給は千二百円だった。

私がしたことは愿憎に大きな不安を与えた。彼は私がホステスになる道を選ぶ心理が理解できなかったらしい。中に入ったことはなかったが、仲間の会話、自らの常識からも〝ホステス〟が何を意味するかは想像がついた。窮地に陥った女性でない限り、ホステスを職業にはしないだろうと彼は思っていた。夫である彼に理解を求めるのは無理な話であった。日本人男性を相手にすることだからなおさらであった。愿憎も来日前は〝外国崇拝者〟であり、東洋の日本は彼の憧れであった。しかし、故郷を離れ実際にここで生活してみると、彼のジャパニーズ・ドリームは現実に打ち砕かれ、中国で暮らした、いかなる時代よりも耐えがたいもののように感じていたようだ。

彼も夜のアルバイトをしようと思い、数週間方々探したが見つけることができなかった。彼は四十歳以上に見えたため、面接者は「おじさんのくせにアルバイトをするのか?」と言って嘲笑った。見かけだけでなく、彼は事業に成功していてもおかしくない年齢になっていた。彼の自尊心はいたく傷つき、断られる前に身を引くようになり、もう仕事をくれと言わなくなってしまった。日本人の利己的な人間関係にも嫌気が差しており、金銭問題には関わろうとしない橋本さんや川島さんとは疎遠になっていた。桂林仲間とも付き合いが少なくなった。それぞれ事情があり、みんな自分の生存のために多忙を極めていた。中国にいれば彼は住居もあり、社交界に出入りし、見栄を張るだけの経済力もあった。日本に来てこれらをすべて失っただけでなく、いかなる娯楽と楽しみもなくなっていた。節約のため唯一の嗜好であったタバコも私にやめさせられた。彼はますます痩せ、顔色も黄ばんでいた。

結局彼は、私がホステスになることに同意した。というよりも、反対しても私が自分の考えを変えないことを知っていたのだ。彼は私の意見を尊重し、私を恐れていた。流されやすい人でもあった。時間の経過とともに、私は彼がかつて思っていたような有能な男ではない事を知りはじめていた。

ＪＯＪは真っ赤な絨毯にやさしいシャンデリアの明かりの落ちる、洒落た店であった。天井に吊るされたスピーカーから軽やかな音楽が頭の上で心地よく流れていた。初日には目の前のすべてが新鮮で、無意識に周りをキョロキョロ見回した。マスターとボーイ二人がカウンターの中で調理を行い、店には三人の日本人ホステスがいた。私はカジュアルな服しか持っていなかったため、ママに洋服を借りることになった。以降、ずっとママから洋服を借りていたが、月末の給料日になって、レンタル代が引かれていたことに気づいた。しかし、ありがたい事だと思った。高価な洋服を買わずに済んだからである。

客が入ってくると、ママはすぐ私たちが中国人であることを紹介した。すると彼らは愚かしく「ハロー、ハロー」と英語で話しかけてきた。外人といえばハロー、なのだ。彼らの豹変振りには驚かされた。これらの客は職場や家庭では、真面目腐った紳士の顔をするに違いない。しかし酒を飲むと、まるで人が変わったかのように、言葉遣いが乱暴になり、話題も下品なものに集中した。ある客は笑いながら女性の性器の絵を描き、毛の部分を指差してこれは何と言うのかと私に聞いた。このようなことは中国では考えられない。最大の侮辱といっていい。愿僧が日本人は下品だと言ったことは間違いではなかった。必死に怒りを抑えた。日本語で怒ることができないし、たとえ出来るとしても口に出してはいけないことはわかっていた。そんなことをしたら、たちまち失業してしまうであろう。

とはいえ、そうした部分に目をつぶれば、ホステスは意外と楽な仕事であった。客は酒を飲み、私たちはソフトドリンクを飲む。私はこれを機会に全てのドリンクを試した。なかでもトマトジュースが気に入った。甘さと酸っぱさがほどよく、うすい塩味が口に合った。ドリンク代は客もちで、飲めるかどうかは客次第だった。初対面のためか、ほとんどの客がおごってくれた。奢りたくなくてもホステスたちのおねだりには勝てなかった。

客層は千差万別、若者、年寄り、独り者、団体、真面目な人、無礼な人。いずれも一杯飲めば仮面を外し、打ち解けた。なかには冷たい客もいたが、特に悪気があるようには見えなかった。もちろんガイジン嫌いの客もいた。「板門店」とかかれたマッチ箱を渡して嫌がらせをする客もいた――韓国人と勘違いしたらしかった。下品な客の前では、私たちは日本語がわからないふりをしてごまかし、体を触ってくるとカラオケの本を渡すのであった。大体の客はカラオケが好きで、私たちにもリクエストをした。私は曲名すら読めなかったが、中国で流行っていた『北国の春』だけは知っていた。オリジナルのそれとは全く関係がないテレサ・テンの替え歌の歌詞でごまかして歌ったが、客はうまい、うまいと連呼した。何を歌っても関係なかった。みんなこの賑やかな雰囲気だけを必要としていたのである。

阿倉は夫の反対により、二日で辞めてしまっていたが、愿僧は何も言わなかった。言っても無駄だと知っていたからである。特に私の収入は彼より多かったため、なおさら言えなかった。ただ時々私の耳元で、「気をつけろよ。日本人は悪いやつが多い」と囁くだけであった。彼は日本人と喧嘩をしたばかりだった。友人の紹介で皿洗いのバイトをみつけたが、そこに来日したばかりの福建人がいた。彼は日本語が全く話せないため、店長に

「バカ、ノロマ」と言われっぱなしであった。ある日怒られた福建人は焦って皿を落としてしまったため、店長は彼の顔に平手打ちを食らわせた。それを見ていた愿僧は耐えられず店長に殴りかかり、喧嘩となった。結果、愿僧はクビになった上、給料ももらえなかった。

この事件以来、彼は日本人を恨むようになった。「いつかまた桂林で画廊をやることができたら、日本人の金を思いっきり巻き上げてやる！」こう言うと彼は、本当に復讐を果たしたかのように上機嫌になった。川島さんたちに対しても疑い深くなってきた。何か世話になることがあると必ず「何だ？　何が目的だ？」と疑心暗鬼に陥った。

彼とは正反対に、私はますます日本人に好感を持つようになった。私の職場は日本の社会を反映しているように思えた。全てではないが、本で勉強できないことはたくさんあった。私の周りにいる日本人は、なぜか中国人より気楽に付き合えた。酒を飲んでいない時の彼らは教養があり礼儀正しかった。相手に気を遣い、相手の立場を尊重しているように見えた。時には客と食事に行ったりもした。愿僧も反対しなかった。私を信じていたし、日本人と付き合うことが私のためになり、何かと役に立つと思っていたからである。

しかし若い客と付き合うことはあまり利益がなかった。多くの中国人女性は若者のために時間をかけることなく、中年以上の日本人男性と付き合った。中年男性ならば経済力があり、高級レストランで食事をしたり、プレゼントを買ってもらったり、遊びに連れていってもらえるからである。ともに夜を過ごさなければ、得するのは女性の方である。もちろんうまく付き合っていくには相当の腕が必要であり、誰でもできることではなかった。

ホステス、日本語学校、いずれも私にとっては一過性のものに過ぎなかった。絵を描く夢を忘れたわけではなかった。しかし、職場と学校とアパートを行き来する生活の中にそんな時間は含まれていなかった。私自身、何のために来日したのか分からなくなっていた。ここで過ごすうち、落ち着いて東山魁夷を研究し、個展を開き、大学に入って知識を深めるという夢が、現実離れしたおとぎ話であることを知った。少なくとも現在においては不可能であった。私たちはいずれ中国に帰り、老後を中国で送らなければならない。夢の実現が不可能ならば、少なくとも来日のために使った旅費、手続き費を稼がなければならなかった。芸術は次第に私から離れ、頭の中で無数の〝日本円〟がクルクル回っていた。枕もとに置いてある娘近舒の写真が、彼女がお金で苦労しないためにも頑張らなくてはならないと、話しかけているようにみえた。

その頃、桂林仲間は阿倉と金さんの妹を除き、みんな帰ってしまっていた。太公も梁さんも金さんも……。阿倉と太公の間には意見の対立があったらしいが、結局太公が折れた。

まだ日本語学校に在学中だった彼女は夫を先に帰し、日本に残ってデザイナーの勉強もしたかった。金さんの妹は日本の生活に溺れていた。帰国の道を選んだ人は一様に日本に幻滅していた。愿僧も心が動き始めていた。彼はもうすぐ日本語学校を卒業することになっていた。進学しなければビザの取得が不可能になる。卒業して進学もしないのならば日本に残留する方途は不法滞在しかなかった。彼は駅で、ある不法滞在者に会ったことがある。学校へ行き、学費を払う苦労はなくなったが、その表情には恐怖心が克明に刻まれていたという。いつ突然警察が現われるかと、泥棒のように緊張し、すべての人に対して疑い深くなり、警戒心が強くなってしまった人間の顔をしていたということである。

不法滞在のように闇を這うような暮らしは、愿僧には考えられなかった。私たちは彼のこれからについて繰り返し議論した。帰国して画廊を経営するには最初から出直すしかなかった。かといって逆に日本に留まることを選べば、発展の可能性はほとんどない、葬儀屋の世界に限られ、居候生活を続けることになる。本来なら来日の目的は道を拓くことであったが、彼はもはや日本での道を見失ったのである。また、彼は日に日に娘に会いたくなったようだ。彼女はもう二歳になっていた。今は私の母のもとを離れ愿僧の家から幼稚園に通っている。友達が自分のパパとママを呼ぶと、彼女は「日本、日本」と言って騒ぐのであった。日本が自分の両親であると思いこんでいるようだ。母からの手紙でこれらの出来事を知ると、私はいつも胸がえぐられる思いで、眠ることができなくなった。

木の葉が大地に帰るが如く、私たちもいつかは最終的には中国に帰るのである。日本は一つの旅宿に過ぎない。私は日本で稼ぐことができるが、愿僧は中国で稼いだほうが日本より遥かに有利であった。帰国した太公は順調に商売を発展させ、彼の画廊は以前より規模が大きくなり、毎日遊んで暮らしているという。バイクに乗ってドライブし、会う人すべてに自分は先見の明があり、帰国の道を選んで良かったと触れ回っているらしい。

日本でともに暮らした一年間で、私と愿僧の立場は逆転した。私が稼いだ金額は、彼の二年間の総額と同じであった。私は知らないうちに彼を軽蔑するようになり、周りにいる日本人とは比べられないほど無能であると思うようになっていた。思い出してみると彼が変わったのではなく、本当に変わったのは私のほうだった。中国にいたころは家人に商人がいなかったため、彼の商売の手法、手際を盲目的に崇拝していたが、来日してからは生活が変わり、本当の意味において彼とともに人生を歩むことになり、彼のすべてが赤裸々に見えてきたのである。もはや私の目を覆うものはなかった。真に彼のことをはっきりと、客観的に見ることができた。失敗する度に彼は運命のせいにしたが、実際にチャンスが目の前に現われても彼は平凡な成功しか収めることができなかっただろう。

学費と家賃以外、私たちにはほとんど支出がなかった。私は仕事用の洋服を数着買ったが、愿僧は一枚も買わなかった。二年間ずっと中国から持ってきたものを着ていた。米が高いため、インスタントラーメンが私たちの主食だった。卵入りのチャーハンや豚肉は贅沢な食べ物であり、ことに牛肉は食べたことがなかった。貯金はすべてを彼に預け、桂林で画廊を経営するための元金にした。このほか、彼はオートバイ一台、ビデオカメラ一台とほかの電気製品数台を持ち帰ることにした。自分で使うものもあれば親戚や友人に送るものもあった。日本では目一杯節約し貧乏暮らしをしていたのに、帰国する時は、故郷に錦を飾るような見栄を張らなければならなかったのである。お金を節約するため、私は一年間も電話の取り付けを躊躇っていたが、愿僧の出発する前夜になってようやく電話がとり付けられた。

成田空港で、私たちは別れのために落ち込むことはなかった。一年前、彼がここで私を迎え、一年後の今日、私がここで彼を見送ることになった。彼が娘に会えることだけが羨ましかった。来年の今ごろ私も里帰りし、二人で私の将来について相談しようと約束した。しかし私は内心、しばらく帰国しないことを決めていた。日本での生活は確かに辛くて苦しいものであったが、同時にある種の独特な魅力も感じられた。日本の社会は平和で安定している。政治的な波もなければ他人に干渉されることもない。他人を侵さない限り侵されることもない。日本人との付き合いもとりわけ単純なもので、表象的な心の偽りはあるものの、あまり嘘をつかないし約束も守る。以前、これは日本人が賢くないせいだと思っていたが、後に彼らが比較的安定した社会に生活しているため、嘘をつく必要がなく、相手を疑うこともないということが理解でき始めていた。

私は日本語学校を卒業したら東京芸術大学へ進学するつもりでいた。東山魁夷が学長であると聞いていたからである。入学費は百数十万円もかかると聞いたが、一生懸命に働き節約すれば出せないこともないだろう。実技試験も全く恐れなかった。中国の芸術大学で鍛えられた基礎は、いかなる先進国でも通用すると思った。結局、愿僧はすべてを私に任せることにした。彼は私の判断を信じきっていたのである。彼を見送った後、私は青空に飛立った飛行機が次第に小さくなり、最後に小さい銀の光となるのをいつまでも見ていた。一人で電車に乗り、東京へ帰った時、私は何か大事なものを失ったような気がした。

その二日後、ＪＯＪのとある日本人ホステスと喧嘩になった。些細なことがきっかけだったと記憶しているが、以来店にいるのが気まずくなり、とうとうやめてしまった。後悔はなかった。ここでホステス業の手練手管を覚え、タバコを覚えた——私は一日に四十本も吸うヘビースモーカーになっていた。

三　遠い彼

夏休みに、私と阿倉は香港経由で桂林に帰った。私は在日留学生が組織した「六・四（天安門事件）抗議デモ」に幾度も参加しており、テレビに映ったことがあった。このことで愿僧は私が警察に捕まるのではないかと心配し、里帰りをやめるよう何度も説得したが、何を恐れることがあろう。予定通りに帰国した。

案の定、桂林に到着してすぐに、公安局に連行され尋問された。ほかにも何人か一緒に連れて行かれた。パスポートが没収されたが、しばらくして返された。大して問題はなく、今後国外で祖国の威信を損なうような行為は控えるよう注意されただけであった。

愿僧は仲間と一緒に、榕湖のほとりに画廊を開いていた。毎日が忙しく、ガイドや運転手、税務署及び旅行社の人の相手をするので大変らしい。そして同業者――ほかの画廊経営者に勝たなければならなかった。桂林には画廊が無数にあった。彼の画廊は規模が大きく、若い女性の従業員が六、七人もいた。しかしあまり繁盛しているようには見えなかった。商売が前より難しくなったことが原因だったが、彼の浪費も問題であった。彼はほとんど毎日、食事やお茶などの接待をした。彼の居場所は決まって飲茶屋、高級ホテルであった。絵を描くことも怠り、勉強もしなかった。すっかり陽気になり、日本にいた頃とは別人のようだった。ほらを吹くのが好きで、日本についていつも得意げに話していた。日本にいたことが彼の自慢だった。私が側にいる時でも、ひとりで喋りつづけて私にものを言わせなかった。話を誇張するのは昔からの癖だったが、病状が悪化していた。前にもまして彼を軽蔑した。ますます俗っぽくなり、もはや救いようがなかった。

また、彼は太公と商売上の敵となっていた。客の奪い合いで喧嘩ばかりしていた。日本に戻ったら阿倉とあまり付き合わないように何度も言われた。阿倉との付き合いは彼女の夫とは関係ないし、夫たちの不仲で私たちの友情が壊れることは考えられなかった。愿僧の心の狭さに呆れ、嫌悪感も強まった。

娘の近舒は幼稚園の年少クラスに通い、丸く太っていた。寝顔は目を閉じてくつろぐ観音像のようにみえた。彼女にとって母親とは、写真で見たものと、家族から聞いたものしかなかった。母親が目の前に現われた時、彼女は指をしゃぶりながら一歩も近づこうとしなかった。私の方から近づくと「バイバイ」と言って、ほかの親しい子のもとへと走っていった。

里帰りの目的のひとつは健康診断を受けることであった。日本では時間もなく、お金も惜しかったのである。結果、X線写真で肺に影があることが分かった。母にタバコをやめるよう強く言われ、私自身もやめたかったが、無駄な努力になるだろうと思った。実家にいる間だけやめられたにしても、日本に戻ってから復活しない保証はどこにもなかった。タバコという友なしの異国での暮らしは、辛すぎた。

私は人に会うと会釈したりお辞儀したりするようになっていた。中国人らしくない、変だと言われたため、親族の者はみな気まずく感じ、私のことを「偽り者」と言った。兄は私と一緒に出かける前に、必ず「みんなが見慣れない真似をするな」と厳しく言いつけた。

私もみんなのことが見慣れなく感じていた。桂林人は大声で話すため、喧嘩でもしているのかと思われるくらい、難聴である私にも大きく感じた。そして何についても根掘り葉掘りにしつこく聞いた。「御飯食べた?」「おかずは何?」といったつまらない話を、さも一大事のごとく聞いてきた。その上身振り手振りがたっぷりだった。それに対し日本人の挨拶は上品で礼儀正しく、他人の生活に触れることは一切聞かないのである。

私は家にこもりがちになった。食事の時間や近舒と遊ぶ時以外、ほとんど寝て過ごした。食欲もなくなっていた。日本で夜更かしをし過ぎたせいか、気が緩み、今までたまっていた疲れが一気に出てきてしまったのである。

こうしてあっというまに日本に帰る日が近づいた。二つの遠く離れた別世界で生活しているにもかかわらず私と愿僧の仲は昔と変わらないように思えた。彼は繰り返し「もう一年の辛抱だ、日本語学校を卒業したら帰っておいで、体を大事にな」と言った。私も「体を大事に」という言葉をオウム返しにした。私たちは本当に家庭生活があったのだろうか。娘が生まれた後、実際に一緒に暮らしたことはなかったことに、私は気づくのであった。その娘は私の出発に無関心であった。私たちは依然として見知らぬ遠い関係であった。彼女にとっては目の前にいるお母さんより、写真の中のお母さんのほうが身近で親しみを感じるようだった。悲しくてならなかった。

母は私の本当の状況を知らなかった。私から具体的に話した事はなかったのである。彼女は娘が苦学生であり、いつか幸せが訪れるだろうと想像し、その想像はまた、周囲の想像をも左右していたのである。

私は東京に戻り、もはや悩むことなく水商売の世界に戻った。故郷に一度帰ったあとの来日に孤独が身に沁みた。学校が休みの日に、私はよく橋本さん宅の向かい側にある南谷端公園に行き、ベンチに腰掛け日光浴をしながら子供たちの砂遊びを見ていた。子供たちみんなが近舒に見え、可愛らしく感じた。我慢できずそのうちの一人を撫でたり、抱き上げようとしたことがあった。子供は驚いて泣き出し、すぐ親が来て子供を奪い返した。笑顔ではあったが、目には不審と警戒の色があった。私を異常者だと思ったのかもしれない。

私は妹の小丹を日本に呼ぶことに決めた。彼女は南京郵電学院を卒業し桂林郵便局に就職していた。日本で三ヶ月間の電信研修を受けたことがある。彼女も郵便局を脱出しようと考えていたため、出国はいい機会かもしれなかった。

日本語学校の卒業が間近に迫った。私は予定通り日本に留まることに決めた。大学への進学は難しく、阿倉のように服飾デザインの専門学校では材料費などもかかるうえ、私はかつて桂林で服飾のクラスの教壇に立ったことがあるのだ。何よりも私を助けてくれる人がいなかった。愿僧は口だけが達者で、お金は全然なかったし、逆に私のお金を当てにする始末だった。私は美容専門学校を受験することにした。二校を受けて最終的に池袋にある学校に合格した。これでひとまず日本への滞在を確保することが出来たのである。

その頃、私は池袋の「青葉」という店で夕方七時から深夜三時まで働いていた。この店はこれまでと違い、経営者は男性の店長であった。店にはママがいなかった。店長はすでに三回離婚し、現在独り者であった。青葉での仕事は極めて楽だった。客が少なく、従業員がカラオケで暇をつぶすこともしょっちゅうだった。

ところがある日、この店長が給料を未払いのまま、逃げた。給料日に姿を消し、それから二日経っても店に現れなかった。福建人のホステスが泣き出した。彼女は店長の約束を信じ、もう二ヶ月、給料を貰ってなかったという。中国人は国営企業の経営に慣れているため、資本主義国家の常識が分からず、お金が支払われるのをひたすら待っていたのである。福建人に比べ私はまだ良いほうだった。先月に全額の給料をきちんともらっていた。上海人ホステスにも半月分の未支払金があり、福建人と同様に黒字になったら返すと言われていた。みな泣き寝入りするしかなかった。結局、福建人、上海人のホステスたちもみなどこかに行ってしまった。

こんな目に遭うとは信じられなかった。私は店長の自宅に何度も電話をかけた。しかし誰も出なかった。青葉は年中無休だったため、血を吐く思いで働いていたというのにだ。顔の皺が増え、母に国際電話をかけても私だと分からないほど声もガラガラになった。三十七日間、四十数万円、私の血と汗を流した代償だ。この金で遠く離れた娘や母にどれだけの買い物ができ、またどれだけ愿僧の助けになるだろう!

愿僧にも電話をかけ、どうすべきか相談した。彼の意見は、もう諦めたほうが良いというものであった。多くの人がただ働きさせられた経験がある。誰もが最初は怒るが、どうすることもできない。最も賢明な方法は、ほかのホステスに倣って新しい仕事を見つけることだと彼は言った。「仕方ないさ」。彼は、東京にいた時によく言っていた言葉をまた繰り返した。この言葉は私の怒りに火をつけた。どんなことをしても絶対に取り返すのだと、逆に戦う決心が固まった。

かつての常連客の数人に電話をかけてみたが、彼らは同情を示すだけでまったく当てにならなかった。クラスメイトは愿僧と同様、何も大騒ぎすることではないと考えていた。なんといっても日本の法律では外国人学生が風俗のアルバイトをすることを禁止しているのである。川島さんに頼ろうかと一瞬思い立ったが、私がホステスをしていたことを知ると、彼はどんなに悲しむだろう。やむなくこれも諦めた。

私は細河という、大嫌いな男を思い出した。この人は銀座にある大きいクラブの店長をしていた。仕事が終わる深夜になると、コートを羽織って「青葉」に飲みにやってくるのである。一度、仕事帰りに店長とホステスとともに〝大都会〟という居酒屋で一緒に食事をしたことがあった。彼は私が仕事熱心であると誉めてから、彼氏はいるのか、どこに住んでいるのか、どこの学校に通っているのかとしつこく聞いていた。店長は冗談混じりに、彼が私に手を出そうとしている、気をつけなさいと言った。私もうすうす感じており、寒気がしていた。彼のじっと私を見ている目線が狼のように見えた。私はもはや笑えなくなり、できるだけ彼の視線を避けようと努めた。

悪いことに彼だけが唯一店長を良く知っている人物であった。二人の付き合いは長く、細河は私のことを気に入っている。他に手はない。以前彼から貰った名刺を見ながらダイヤルを廻した。こんな男に頼らねばならないかと思うと、電話をかける前から自分の無能と堕落を嘆いた。電話を受けた彼は驚きの色を見せ、すぐに例の〝大都会〟で会おうと言った。私が店についた時、彼はすでに席について待っていた。私の境遇に怒りを表し、私のために店長を探し出し話し合うと誓った。連絡が取れるように、彼は住所と電話番号を聞いた。嘘の住所と学校名を書いて渡したが、電話番号は本物だった。

二日後、私たちは再び大都会で会った。店長は見つかったが、金がないらしい。彼によると、来月に五万円だけ先に返し、それから分割で少しずつ返してくれると店長が約束したという。先が見えないままだったが、私は少しばかり希望の灯りが見えたような気がして、ひとまず細河と乾杯を交わした。

大都会から出るともう終電の時間だった。細河は板橋に住み、私は西巣鴨だったため同じ方向だった。電車が板橋についた時、私は東口だからもう降りる、と言った。ところが彼は私を掴むと、「酔っているから、一人では危ない。私の家で少し休んでからにしよう。五分だけだ」と言った。

長い間ホステスとして働いていたため、「休む」の意味は十分承知していた。アルコールと疲れで意識は朦朧としていたが、頭の奥では、彼と休んではいけないと警鐘が鳴り響いていた。私は頭を横に振り、「もう帰る。疲れた」と言った。

彼は目を大きく見開くと「私を信用してないのか？　だったらなぜ頼んだ？　これでは助けてやれないよ！」と言った。

瀬戸際に立たされ、私は心臓がえぐられるような心の痛みを感じた。彼は私の身内ではない。ただで助けてくれるわけがないのだ。一回彼と「休めば」、四十万円は取り戻せるかもしれない。全額は無理でも、一部分なら望みがあるかもしれない。四十万円と「休む」こと、どちらが大きい、小さい？　どちらが重い、軽い？

じっと彼を見つめた。深夜の寒い風が彼のカールした長い髪を吹き乱し、細くて高い体がこの乱れ髪の下に突っ立っていた。私は背の高い男性が好きだったが、目の前にいる彼の高さに、嫌悪感を覚えた。つばを吐きかけてやりたい気持ちだった。頭の中に二人の自分が現われ、長い間闘っていた。実際にこの場面はほんの一瞬に過ぎなかった。私はすでに足を動かし彼について行ったからである。私は歩きながらめちゃくちゃに喋っていた。自分でも何を言っているのか分らなかった。すべてが演技だった。細河は喜びのあまり、頬が赤く火照っていた。

彼の住まいがどのようなものだったかはっきり覚えていないが、なぜか靴がたくさんあったことだけ覚えている。玄関の下駄箱に、様々な女性靴が詰まっていた。ハイヒール、ローヒール、革靴、サンダル。私は忽ち吐き気に襲われた。トイレに駆け込み、便器に向かったが何も出なかった。トイレから出ようとしたら、彼が手にタオルを手渡そうと待っていた。タオルはびしょ濡れで水滴が滴っていた。私は本能的に後ろへさがり、トイレのドアを閉めた。

彼の一撃でドアが開けられた。私を抱きしめて外へ連れ出そうとし、身動きが取れないように片手で私の髪の毛を掴み、もう一方の手で首を押さえ顔にキスをした。私が顔を横に振ると首がしめられ呼吸ができなくなった。彼は私をトイレの隅に押さえつけた。

彼は弱みにつけこんで私を襲おうとしていた。この瞬間、娼婦の気持ちを味わったような気がした。好きでもない人と男女関係を持つことは、いかなる拷問よりも耐え難く、まさに自殺であると思った。お金のために体を売る女性は、誰でも一度このような〝自殺〟を経験するだろう。そうしないとこの道は歩けないだろう。私は自殺したくなかった。彼の手によって殺されることはなおさら嫌だった。怒りで全身の神経が目を覚ました。私は力を振り絞って彼の細長い手に噛みついた。彼は大きな悲鳴をあげ私を放した。

カバンをもって外へ駆け出した。あとから彼も追いかけてきた。スピードでは彼に勝てそうにもなかった。何度も後ろから服を引っ張られた。そのたび私は獣のように叫び、蹴ったり打ったりして彼を振り払って更に逃げるのであった。夜明け前だったため、井田荘がどの方向かわからなかったが、彼の家とは反対方向へ向かって走っていた。彼の家から遠く離れれば離れるほど、私のアパートに近づくはずであった。

　信じられないことに私は井田荘近くの路地に辿り着いていた。走るのをやめた。彼に住所を知られたらもっと怖いことになると思ったからであった。彼も足を止めて大きく肩で息をしていた。互いに睨みあったまま、静かに時間が過ぎていった。通りを清掃する人の姿が見えた。夜が明けていた。

「本当に好きだった」彼は低い声で憎々しく言った。「今は分かった。きみは私を利用しているだけだ」彼は頭を揺らしながら喋った。カールのかかった髪の毛も一緒に動いていた。「もう会わない。きみも自分のことは自分でやりなさい」言うなり、彼は後ろ向きのまま、「バイバイ」を繰り返しながらゆっくりと去っていった。私は動くことすらままならなかった。彼の姿が見えなくなるのを見届けると、地面にへたりこんだ。電柱にもたれて両手で頭を抱えこんだ。知らず知らず涙がこぼれ出していた。

　以来、私は再び不眠症に襲われた。夜明けになるまでどうしても眠れず、爪で顔を抓ったり、枕や壁を叩いたりしていた。起きてからは顔を洗わず、歯も磨かず、適当に口をゆすいで濡れたタオルで顔を拭き、学校へ向かった。誰とも口をきかず、授業も耳に入らなかった。私は別世界にいた。何も感じなかった。ある種の痛みだけが日増しに体の中で成長し、膨れ上がっていった。

日本語学校の生活はあっという間に終わった。コンピューターの専門学校に進む者もいた。京都や大阪の大学へ進学する人もいた。みんなそれぞれの道を歩み始めていた。私は卒業式の様子をよく覚えていない。後に写真を見て、当日グリーンの花柄のついた、長袖のシャツを着ていたことが分った。

長い春休みが待っていた。どう過ごせば良いのか分からず、アパートには帰りたくなかった。飯田百貨店の衣料館で、あるロングパンツが気に入った。実はずっと前からお金を惜しんで買うかどうか迷っていたのである。しかし今、私はどうしてもそれを手に入れたかった。試着室に行ってそれをはき、その上に自分のズボンをはいた。はきながら心臓の鼓動が聞こえていた。自分の鼓動ではなく、遠いどこかから聞こえているような感じだった。私は朦朧としたまま試着室から出てきた。足の力が抜けたような感じがした。速く歩きたくても錘がついたように足が重かった。

「お客さん、お客さん！」後ろから呼び声が聞こえた。他の人が呼ばれていると思い、私は無視した。すると二人の店員が小走りにやってきて私の腕を掴んだ。ここではじめて自分が捕まり逃げられない身であることを知った。

大勢の目の前で私は事務所に連れて行かれ、カバンの中にあった本、ノート、記念品、そしてポケットに入っていた持ち物すべてが、ぶちまけられた。男性店員が私の外国人登録証を発見した。パスポートは家の箪笥にしまい込んでいた。彼は怒り始めた。「我々は一生懸命働いているのに、あなたたちはただで物を取ろうとしている。許せない！」それから彼は警察に電話をかけた。一方、二人の女性店員は大物を捕まえたと言わんばかりに、持ち物を調べつづけた。〝警察〟と聞いた途端、私は大声を上げて泣きはじめた。

　彼らに説明しようと思った。しかし何を説明すればいいのか？　私はズボンを万引きし、泥棒になった。ここまできた経緯を人に言えるものか？　私はただただ遠く離れた母、娘と愿僧のことを考えていた。今、母はおしゃべりしながら家族と食卓を囲んで食事をしているかもしれない。もしちょうど客が来ていたら、彼女はチャンスを逃さず、娘がいかに頑張り屋で、前途洋々であるかなどと自慢話をするに違いない。近舒は壁に這っているヤモリを見ながらご飯を食べているだろう。愿僧は客の接待をしていて、相変わらず日本にいる妻の自慢話をしているだろう。彼らは通常の毎日と同じように普通に過ごしており、今の私が異国でこんなことになっているとは夢にも思わないだろう！　私はますます悲しくなり、側にいる店員のことも忘れて傍若無人に泣き続けた。しかし彼らはまだ私の体に触れ、何かを探し出そうとしていたのである。人が本当に〝犯人〟になった時、最も悲しいことは、いわゆる自由を失ったことではなく、むしろ人格、ひとりの人間としての尊厳が完全に奪われ、自尊心を壊され、もはや人間でなくなることであろう。私は多くの犯罪小説家が、実は本当の犯罪者になったことがないことを知った。

サイレンを鳴らしながらパトカーが事務室の前に止まった。一人の警官が降りてきたが、私は絶望のあまり彼らの顔がはっきり見えなかった。店員がしたのと同様に、彼らもまた私の体を頭から足まで探った。それからパスポートを押収するためアパートに連れて行かれた。私はパトカーに乗せられ、男性店員と一人の警官の間に挟まれて座った。後ろにも一人の警官が座っていた。井田荘では、彼らは私の持ち物すべてを調べ、あらゆる物が畳の上にぶちまけられた。この時、彼らの態度はだいぶ和らいだ。私が常習犯でないことがわかったからであろう。

私は階下に連れて行かれた。そこには大家の奥さんがいた。私に話をしようと思ったのか、口を大きく開けたままだった。しかしこの物々しい雰囲気に驚き、口を動かしただけで声は出なかった。私は彼女を見ながら慟哭した。話したいことが山ほどあったが言葉にならなかった。彼女は私がパトカーに乗るまでずっと見送っていた。パトカーはサイレンを鳴らしたまま井田荘の前に止まっていたため、井田さんが近所の野次馬に説明しているのが見えた――どういうふうに説明したのか私には知る由もなかった。

私は生まれてはじめて警察署に連れて行かれた。東京のどの警察署だったかは覚えていない。記憶していることは、捺印したこと、何か尋問されたことだけである。何を聞かれたかも全く覚えていない。

夜が近づいたらしい。警察署内は静かになった。ひとりかふたりの警官が居残って私を見張っていた。やがて川島さんがやってきた。私は保証人名を聞かれた事を思い出した。川島さんはしばらく警察と話し合い、何らかの手続きをしてから私を連れて警察署を出た。すでに暗くなっていた。昼間から夜、この一日を私はいかに過ごしてきたのか！　昼間の出来事は、悪夢だったようにも思えた。遠い昔のようにも感じ、細部を思い出せないほどであった。私はよろめき、川島さんに寄りかかって歩いた。彼は私を車に乗せた。道中私たちの間に会話はなかったように記憶している。

その夜、私はおそくまで蕎麦屋にいた。集まった川島一家は誰もが表情をこわばらせていた。奥さんとお嬢さんが蕎麦とお茶を運んできて、「紹ちゃん」と一言言ったが、あとは口をつぐんだ。川島さんは最後まで私を責めなかった。しかし彼の悲しそうな表情を見るうち、私は自分が憎くなった。どうしてこんなことをしたのか？　川島一家がこの事件のことをどのように思ったのかは、永遠に謎である。私にとっても過去の出来事であり、もう振り向かないと決めたのだ。ただ、あの夜から、川島さんは私の日本の父親になった。私は永遠に彼を愛し、彼の家族も永遠に私の家族である。

その後私は病気になった。生まれてはじめて重く病んだのであった。その日早春に珍しい大雪が降ったように思えた（三月に雪が降ることは稀で、たぶん幻覚であろう）。あたり一面に白い雪が見えた。私は少し外へ行って見たかった。アパートに一番近い交差点で、ある若者が突然私の前に現われお辞儀をし、日本語で「すみません、すみません」と何度も繰り返した。私は意味がわからなかった。止まっていた自動車はエンジンがかけられたままでうるさく感じた。そこではじめて彼にぶつけられたことに気づくのであった。しかし私には感覚がなかった。どこをぶつけられたのか、どこが痛いのか分からなかった。

アパートの階段を上り、部屋に入った。まるで抜け殻になったように布団に倒れ込んだ。高熱を出し、うわごとを言った。辺りを霧のようなものが漂っていた。愿憎を憎んだ。水が飲みたいといくら呼んでも来ないし、慰めの言葉さえないではないか。一方で誰かに電話すべきだという意識があったが、受話器に手が届かなかった。電話をかけたいという考えが消えた後、すべてが深い霧の中に入ったように何も分からなくなった。

それから四日間寝込んだ。水以外に何も口にしなかった。

四　東京の夜

気持ちが落ち着いてくると、物事は極限に達すると必ず逆転すると考えはじめた。人間は運命の最低点に落ちれば、必ずその反対の高所に向かうはずと思った。これまでの二年間を振り返ると、自分の意志ではなく、見知らぬ誰かが私の肉体を借りて様々なことを行なったように思えた。時が過ぎ状況も変わりつつある中、新しい生活は始まろうとしている。過去を悔やんでばかりはいられなかった。私を変えてしまったあの四十万円を忘れるべきだと思った。私は帰国する決心をした。しかし帰国する前に、ある程度のお金を稼ぎ、自分の損失を補わなければならなかった。

まず美容専門学校へ行き入学手続きをした。四十五万円近くの学費を支払い、ビザの申請資料を手に入れ、入国管理局で一年間の〝留学〟ビザを取得してから、娘が病気になったという理由で学校に欠席届を出した。それ以来、学校へは行かなかった。先生が誰なのか、教室がどんな様子なのか全く知らない。もちろん私の嘘はすぐにばれた。多くの外国人学生がこのような方法でビザを取得し行方をくらましていたからである。学費を払うことは大きな出費だが、一年間のアルバイトで得る収入に比べれば小さな数字であった。

次に池袋北口方面で、年中無休の〝星〟という店を見つけた。営業時間は夜七時から翌朝四時までであった。料金は居酒屋のように安く、カラオケも無料だったため、〝バー〟と呼ぶには相応しくなかった。したがって従業員の時給も安かった。しかし飲み物のリベートがあった。従業員が一杯を飲むにつき百円がもらえた。服装も特に規定がなく、普段着でも良かった。オーナーの森沢は、世間のことすべてを知りつくしたかのような一重まぶたの男だった。店長とママ以外、従業員全員が外国人であった。みな聡明でやる気があった。こんな優秀な女の子たちを今まで見たことがなかった。顔や性格の良さでもっと給料の高い店に引き抜かれても無理はなかったが、彼女たちは忠実に〝星〟で働いていた。このことがオーナーや店の質の良さを如実に物語っているように思えた。

仕事始めの日はちょうど週末だった。仕事は大忙しだった。客席は満席状態で、従業員は慌しく走り回っていた。十時頃、店が最も盛り上がるという時間に、突然若者の団体が一人の中年男性に率いられて入ってきた。白髪交じりでお腹が大きい風体から、この中年男性が上司だとわかった。彼は席に座るや否や、はやく注文するよう部下に促した。

私は二つのテーブルを合わせて、この八人の団体に席をつくった。本来なら四人しか座れないスペースに八人も無理に座らせ、申し訳なく思った。そこで積極的に話しをし、出来るだけのサービスをすることに決めた。だが実際、話しが出来る相手は出腹の上司だけであった。他の人はさっさと歌を歌い始め、席につく暇がなかったのである。

彼は五十代にみえた。メガネをかけていた。かなり度数が高く、もともとは小さい目が大きく見えた。彼は下半身が短く足が小さかった。腰周りの太さが体の最も目立つ部分となっていた。白いシャツの袖口から伸びた手首には、黒い体毛が濃く生えていた。

ふたつの笑窪があり、笑うとやさしく見えた。どのホステスが挨拶に来ても、彼は必ず立ち上がってお辞儀し、敬語を使って飲み物を勧めた。人柄が良さそうであったため、家でもきっと良い父親に違いないと勝手に考え、彼のことを「パパ」と呼ぶことにした。

彼は紙に自分の名前を書いた——成田一夫。この苗字は、九州の地に由来すると説明した。彼は私のことを〝陽ちゃん〟と呼び、店で一番の働き者が陽ちゃんだと言った。本名を聞かれたが、笑っていなした。続いて彼は、「陽ちゃんの国はどこ？　マレーシア？　台湾？　中国?」と聞いてきた。私は全ての客に言ったのと同じように、「香港」と答えたが、なぜか「母は桂林の出身です」と付け加えた。

彼は多くの中国の有名人の名前を並べたてた。周恩来や蔣介石、鄧小平、そして孔子、孟子。中国のことをかなり研究しているようにみえた。部下が彼に歌うよう勧めたため、彼は照れ臭そうにステージに上がった。私が聞いたことのなかった演歌、『星は何でも知っている』を歌った。本人はいい気になって歌に熱中していたが、部下たちはあからさまに辟易した表情を見せていた。歌い終えて、拍手が少ないことに気づき、彼は自分で拍手をして雰囲気を高めようとするほどであった。

帰り際に彼は名刺を渡してくれた。近くにある某電気会社の課長であった。年齢のわりには役職が低いような気がしたが、恐らく彼の善良な人柄が出世を遅らせたのだろう。彼は私がそれまでに会った客の中で、一番気前の良い人であった。三万円近い勘定を一人で支払い、その上私に二千円のチップまでくれた。ご馳走になった人たちも慣れているようで、ナプキンで口を拭きながら「ご馳走様」と笑顔で言い、またよろしくお願いしますと調子がよかった。

〝星〟に入ってから、私の生活は大きく変わった。ここでは落ち着いて働くことができた。この店の客は騙せなかった。財布の紐を緩ませるばかりの接客でなく、誠意をこめた接客が必要とされたのである。また、客もそれが目当てだった。私は気持ちよく仕事に励んだ。昼間学校に通うことがなくなり、前よりずっと余裕ができた。アパートでテレビを見たり、読書したり、洗濯と掃除をしたりして過ごし、ホテルと韓国焼肉店での短期アルバイトを掛け持ちしたりもした。

小丹は一九九〇年五月に東京にやってきた。川島さんは彼女の身元保証人を引き受けてくれたばかりか、日本語学校まで紹介してくれた。私は六畳部屋に変わっていたので、妹と一緒に住むことにした。彼女は部屋に入ったとたん、驚きの息をのんだ。ここが私の住まいだとは信じられない様子だった。畳は茶色く汚れ、ゴキブリたちとは気の置けない関係になっていた。彼らは昼夜を問わず、そこらを気ままに這い回っていた。小丹は失望と恐怖を味わったようである。連日眠れぬ夜が続いた。朝になると、ゴキブリたちは枕もとにも来るという効果的な方法で彼女を起こしてくれた。

彼女を〝星〟に推薦し、アルバイトをさせることにした。店には彼女は同居している友人であると紹介した。彼女は背が高くかなりの美人であるため、私と血縁関係にあるとは誰も思わなかったようだ。

その〝星〟の店長とママが、何が原因だったか知らないが、突然ふたりしてやめてしまい、森沢の熱心な説得に折れる形で、私はここのママを引き受けることになった。時給から月給に変わり、待遇が少しよくなったことも一因だが、信頼してくれた森沢オーナーに応えてやりたいと思ったからである。この時、私にとってこの信頼感はお金よりも魅力的であった。しかし、結果的にはこれは大損だった。店は年中無休であったため、ママは二週間に一度しか休みがなく、その上、毎日一番早く店に来て一番遅く帰宅する生活である。時給換算すれば、給料がいくらにはね上がったのか知れたものではなかった。毎日家に帰るとすでに夜が明け、摩天楼の隙間から太陽が顔を覗かせていた。アパートに帰ると、顔も洗わず服を脱いでふとんに入った。不眠症が再発し、耳鳴り、頭痛が襲った。眠くても眠れず、豆電球をつけて、暗い明りの下でガルシア＝マルケスの『百年の孤独』を十数ページ読んでからやっと眠りにつける状態であった。

私は過労で憔悴しきっていたが、店の業績は空前絶後の売上を記録した。客席は連日満員で、週末は予約なしでは入れないほどであった。森沢オーナーは自分の目に間違いがなかったと自慢げに言いふらし、私の昇給を約束した。

順風満帆、すべてがうまくいった日々だった。ところが破綻はすぐ訪れた。新しく来た外人に偏見を持つ店長がホステスと次々に喧嘩し、彼女たちを追い出したのである。私も我慢の限界であった。取りなす森沢の説得も聞き入れず、辞職することを決意した。

成田が最後に〝星〟に来たのは、ちょうど仕事の最終日であった。その日、彼ははじめて一人で飲みに来たのである。もし彼があの晩、偶然店に来なかったら、私たちはもう二度と会うことはなかっただろう。明日から新しい店で働くことになると彼に話すと、成田はとてもがっかりした顔をし、私さえ良ければ新しい店へ会いに行くと言った。

それから私が居る店に成田は現れ、私を指名した。成田と初めて同伴したとき、彼は身の上話をしてくれた。彼の話しによると、彼は四十二歳（嘘だと思った）、八年前に結婚したが、八ヶ月後に離婚した。いまだ独身である。家族がいないため、社会的には信頼が得られず、会社でも昇進が難しいというのであった。彼の前途や家庭の事情には興味がなかったが、外見だけは嘆かざるを得なかった。実際の年齢より十歳以上も老けて見えたからだ。したがって相変わらず彼を〝パパ〟と呼び続けた。彼はたびたび私と同伴して店には莫大な金額を落としていった。私はそんな彼の金を惜しんだが、彼のほうは全く気にしていなかった。私は忙しかったため、成田と単独で話すことができないこともしばしばだった。彼の席に五、六分しか座れず、挨拶しかできなかった日もあった。一人で来た時はカウンターに座り、自分でコップに酒を注いだ。私は暇さえあれば彼の側に腰掛け、一緒にデュエットを歌った。成田の気前の良さは、ママやホステスたちの間で評判だった。みんな彼こそ紳士だと言っていた。私にプレゼントをくれる時、決してママやほかのホステスを忘れることなく、みんなにも贈ったのである。

　私は独身だと偽っていたため、みんなが彼と結婚したらと囃した。私は笑ってごまかした。これは絶対に不可能であった。実際には彼とは何の関係もなく、手を触れたことさえなかったのである。私はただ、彼の礼儀正しさ、淫らな冗談を言わない真面目さにひかれただけであった。もし彼がいやらしいことをしたり、下品なことを言ったりしていたら、即座に彼と絶交しただろう。彼は唯一私を尊重してくれる人であり、本当の友人だと思っていたのである。

その実、私は彼を軽蔑してもいた。老けているのは顔だけでなく、性格にも及んでいた。年寄りの婆さんのようで、男らしさが感じられなかった。自己主張が弱く、誰に対しても腰が低く、いかなる質問にも「はい、はい」と答えるのであった。彼と一緒にいる時は、楽しさよりもむしろ安心感がまさった。彼と付き合い、彼にやさしくする理由はたった一つ、大切な客だからであった。

それでも私はしばしば彼に驚かされた。当時テレビでは毎日のように湾岸戦争のニュースを報道していた。私には完全に理解できなかったため、彼に教えを請うた。彼は紙に地図を書き、矢印などを使って明確に戦争になった経緯を筋道立て、分かりやすく説明してくれた。知識が豊富で研究熱心であった。彼のこのような一面をみると、父親を思い出した。父も時事について話すことが大好きだった。


私たちの付き合いも次第に親密になっていた。肉体関係は一切なかったが、親友のようであった。話題も恋愛、結婚、家族など多岐に亘った。彼は一緒に生活することができるなら、できる限りの経済援助をして私の中断された絵の勉強を続けさせたいと言ってくれた。この誘惑には一瞬惹かれた。彼は付き合いやすくやさしい人であった。約束通りのことをしてくれるのなら、日本での生活は中国よりずっと便利なものであった。しかしこの考えは一瞬にして消えてしまった――私には愛娘と愿憎がいる。再婚は考えられなかったし、まして相手は日本人であるからなおさら不可能であった。

私と成田は親密になったり離れたりしていたが、彼の私に対する好感度は明らかに最高点に達していた。彼はしばしばもう一歩進んだ友達になりたいと言っていたが、私はいつも曖昧な返事を返した。まるでロープで彼を縛り、必要になった時引っ張り、必要でなくなれば緩めるように扱った。彼の収入がほとんど私の勤めるクラブでの飲み代に消えて行ったと思う。彼は店に来るといつも閉店まで居座り、私を夜食に誘うのであった。終電に間に合わなくなると彼はビジネスホテルに泊まり、ホテルが満員の時は一万円以上もかけてタクシーで埼玉県の自宅に帰った。

以前、私が寂しいときにはドライブに行くと気分転換になると言ったことがあった。彼はある日、最近中古車を買ったことを自慢し、「これからは陽ちゃんをドライブに連れて行けるよ」と上機嫌で言った。恐らく彼は私の言葉を心に留め、自動車を買ったのである。次第に私は彼に同情するようになり、申し訳なく感じるようになった。彼が誠意を示せばしめすほど、私は彼を突き放すよう自分に注意するのであった。同時にこの客、ある意味では友人であった男を手放すことを躊躇った。すでにここまで来てしまったのなら、自分が人妻で子供もいると真実を打明けても意味がないと思った。しかし、結局は良心の痛みが勝った。ある日、焼肉屋で夜食を取った時、もうすぐ国に帰らねばならないということだけを彼に打明けた。彼は信じられないような顔して、「そうか、じゃあ今度香港へ陽ちゃんに会いに行こう」と言った。告白してからの日々、今までにない自責感を味わった。私は最も傷つけたくない人を傷つけたのである。

しかしまた別の日に彼と夜食に行き、自分にはすでにボーイフレンドがおり、仕事の関係上今まで黙っていた、彼のことを客としか思っていないのだと言ってみた。それを聞いて彼は酔いつぶれ、でたらめを言ったり醜態を見せたりした。私は突然嫌悪感を覚えた。彼と一緒にいることさえ嫌になり、彼を置き去りに帰ってしまった。

私はなぜすでに結婚していることや子供がいることを、彼に打ち明けられなかったのだろう。恐らく、女の虚栄心に溺れていたのだ。男の心をこれほどにも乱すことができることは、自分に相当な魅力があるという証拠になる。相手がどんなに苦しんでいたか考えもせずに、私は自分の魅力に喜び溺れていたのであった。

成田と最後に会ったのは、帰国する二日前だった。私は店を辞め、アパートの解約手続きを済ませ、川島さんや橋本さんたちに別れを告げ、上海行きのチケットを手に入れていた。小丹は日本に留まり、大学への進学を目指していた。来日して一年間、彼女もかなり強くなっていた。

　その日、成田は午後に客と会う約束があったため、昼食を共にして別れを告げることになっていた。彼は緊張の色をみせながらホテルに行かないかと聞いた。私はきっぱり断り、レストランで食事しようと提案した。彼と知り合って一年間、とてもお世話になったのに、私に指一本触れなかったことを感謝し、それが彼を大切に思い尊敬して今まで付き合ってきた理由であると伝えた。そして早く幸せな家庭を築くことができるよう祈っている、私も新生活がはじまる、もう忘れてほしいと言った。彼は誠意を込めて、私の気が変わればいつでも香港へ迎えに飛んで行くと繰り返した。彼は私の故郷が香港であると信じきっていた。自分が恥ずかしかった。しかしここまできたらもう真相は決して口にすまいと決意もしていた。私のことが彼の記憶から消え去ることを願い、今後の住所はもう教えないことを彼に告げた。

　このあと、まだ少し時間があったため、私たちは三越に行き、中にある噴水を見ることにした。彼は皮製のタバコケースを私へ別れのプレゼントに買ってくれた。最後にもう一度聞いた――「香港の住所を教えてくれないか?」一瞬、築きあげた嘘の牙城が崩れかけた。急にすべてを告白したくなった。しかし、やはりその必要がないと感じて言葉を飲み込んだ。

彼に先に帰るよう促した。彼はこの時、最後に自分の男らしさを見せようと、落ち着き払って「お元気で」と言うと、手を差し伸べた――私たちの初めての握手であった。それから彼は振り向きもせずに駅のほうへ向かって大きな歩幅で歩いて行った。彼の大きな肩がリズミカルに動く後ろ姿を見ながら、私はなぜか小さな感動を覚えていた。

五　再び祖国へ

上海空港は四月初めの春雨に包まれていた。飛行機の窓から雨を通して見下ろすと、空港全体がグレーのもやがかかっているように薄汚くみえた。三年もの間、祖国を離れていたため、その風景は非常に不慣れな感じがした。

入国手続きを済ませ、税関職員にあらゆる証明書類を見せながら、これらの証明書や日本にいた頃携帯していた外国人登録証やパスポートはもう不要になり、単なる私の歴史の一つになるのだと思うと、急に寂しくなり、心が宙に浮いたような感じがした。

のんびりと最後の関門を通過した。遠くには大勢の人影が見えていた。人波の中にひときわ大仰に振られる手があった。私が初めて成田空港に到着した時と同様に、愿僧は早く自分が発見されるように、大きな声で「紹赤、紹赤、おれだ！　ここだよ」と叫んでいた。

実を言うと私はすでに彼を発見していた——中国で流行っているらしいグレーのジャンパーは人ごみの中でもかなり目立っていた。背中には東京にいた時私が千円で買った安物の赤いリュックを背負っていた。いまだにそれを愛用しているということは、彼が二年前と同様、日本に対しある種の未練と崇拝を抱いていることをあらわしていた。私は失望した――これが私の夫なのだ。

空港を出るとたちまちタクシーの運転手の群れに囲まれた。愿僧は躍起になって彼らと値段を交渉しはじめた。彼は一元も譲らなかった。タクシーに乗り込み、空港ホテルに向かった。部屋はうす暗くて汚かった。私が日本にいた頃に住んでいたアパートより広かったが、長い間掃除されていなかったかのように、黴臭が強烈に匂った。これからの毎日、たかだかタクシーの値段について喧嘩腰で言い争うような環境の中で暮らすのかと考えると、私の気持ちはどん底に落ち込んだ。愿僧は私の表情にも気づかないようだった。彼は上機嫌になって翌日のチケットを手配したり、近舒と彼の暮らしぶりを話したりしていたが、私はうわのそらであった。かつてあんなに恰好よく、活力に満ち溢れていた彼は、今では枯れ縮み、俗っぽい時代遅れに成り下がっていた。口元の鬚にまだ昔の面影が感じられたが、すでに魅力も風格も消えうせた。彼の服装からまだモダンを追いかける努力が感じられたとしても、それは中国のモダンであり、日本のものではなかった。私は彼に近づくことすら嫌になった。部屋がツインルームで、ベッドが二つあったことが勿怪《もっけ》の幸いだった。私が口を開くとどんな内容であれ、すぐに彼は何でも知っているかのように、話をさえぎり一人でベラベラと喋った。彼には何も分かっていないのだと思った。

上海から桂林まで、私と愿僧は一言も口をきかなかった。
桂林は一年中で最も憂鬱な長い雨季のなかにあった。春の雨で漓江が氾濫し、岸辺にあった竹と柳の林は水に呑まれていた。街が濃い霧に包まれていたように、私の心も重い霧に包まれていた。目に映った故郷は暗くて色彩を失っていた。花橋にあった私たちの住まいは取り壊され、その跡にはレジャーセンターが建てられていた。住宅の賠償として、政府は駅の向かい側にあるマンションを二軒くれた。近舒と祖父母が四階、愿僧は一人で三階に住んでいた。

長い間、会いたがっていた愛娘に対しても、自分が想像したような感激はなかった。彼女は祖母に連れられて私の前に現われ、喉の奥からやっと絞り出すような声で「ママ」と言ったが、彼女が自分のお腹から生まれたとは到底思えなかった。すべてが非現実的な様相に映った。彼女は私の周りをうろうろしはじめた。彼女が用心深く私の腿を触るまで、私がはいていた花柄のズボンに興味があったとは知らなかった。幼稚園の先生はこんなズボンをはいていないからだろう。土産の玩具でしばらく遊んでいたがすぐに飽きたようだ。外に出た彼女は友達と戦争ごっこを始め、笑い声は下から三階に届いた——私よりも彼女は友達に慣れていたのである。彼女は依然として距離を置き、夜は決して一緒に寝ようとはしなかった。昼間は私のベッドで遊んだが、寝る時間になるとベッドから飛び降りて祖母のところへ帰った。

愿僧とは何一つ話すことがなかった。二人の寝室では息が詰まるような思いをした。家具は昔のままであったが、埃だらけでかび臭かった。二年間、一人でここで過ごしていた愿僧も惨めなものだと思った。

彼の画廊の収入は依然思わしくなかった。収入の多くは接待に使っており、赤字が続いていた。画廊経営も時代に押され新しくなり、彼のやり方はもはや時代遅れであった。競争力も年齢も、心理的な老化とともに弱くなっていた。このところ、彼の好きな話題は日本ではなくなり、〝オートバイ〟に移ったようだった。桂林ではオートバイに乗っている人は金持ちが多かったからである。彼はSUZUKIのオートバイを持っており、いつも女の店員を後ろに乗せて街をドライブしているらしい。彼が乗っているオートバイは私が買ってきたものであった。彼が帰国した時に買ったオートバイと、私が一昨年に買ってきたものはすでに彼に売り飛ばされて、今のSUZUKIは三台目であった。母は「娘が苦労して稼いだお金なのに」と腹立たしげにこぼしていた。

彼の近舒に対する態度には、母にも一つの反感だった。娘と遊ぶ以外、しつけや世話を両方の年寄りと自分の妹に押しつけていた。彼の妹の愿寧はやさしくて聡明な女性である。

良妻賢母で、自分の家庭を大事にする上、実家にも足繁く通い、よくお手伝いをした。近舒にとって彼女は叔母でもあり育ての親でもあった。私も愿僧より彼女と気が合っていた。愿僧はほとんど家を空け、愿寧がいることのほうが多かったからである。

愿僧とのわだかまりは、私の日本に対する懐かしさをことさら煽り立てた。日本での辛かった日々は忘却のかなたに追いやられ、あの日々が却って活気と色彩に満ちていたもののように蘇った。私は日本側と連絡を取るため電話をつけることにした。しかし国際のかかる電話をつけるには千元以上も余分にかかるため、国内通話のみの電話をつけることにした。きっと日本のほうから電話がかかってくるだろうと思った。

私は家に閉じこもり、一歩も外出しなかった。友人や知人を訪ねることもしたくなかった。誰に会っても必ず「どうして帰ってきたの？　また日本に戻るのか？」と聞かれたからである。まるで戸籍調査かなにかのように根掘り葉掘り問い質され、しばしば返答に窮した。彼らは私が日本に戻らず桂林に留まれば大いに価値が下がるとでも言いたげだった。私はこのような話題を必死に避けようと努め、どうしても避けられない場合、いずれまた日本に行くとでたらめを言うのであった。

私は街に出かけることが怖かった。とりわけ道路を渡ることが恐ろしかった。洪水のような人や車の波を避けようと、左でも右でもなく、時々道路の真ん中に立ちすくむことがあった。「バカヤロー！　死にたいのか！」自転車に乗っている人が大声で怒鳴った。公園の塀や山すその至るところにスローガンが書かれていた。『みだりにごみを捨てる者を皆で打て！』。〝ごみ〟と〝打〟は至るところで目につき、あらゆる場所で人々の喧嘩が頻発した。家にいても近隣の争いの声が聞こえてくるほどであった。特に女性は激しく、声も次第にトーンが高くなり、一方男性はすぐに手を出し〝バカ、畜生〟と罵るのであった。

しばらく実家に帰ることにした。中国には『母親ほど娘を知る者はない』ということわざがある。母はいつでも私の一番の親友であった。私たちは何についても話し合えるし、彼女の再婚を最も支持したのは私であった。しかし今回は、わだかまりがあった。私がイライラして会話を続ける気がなくなるのだ。彼女は日本のこと、日本と中国の違いを全く理解していなかった。中国から日本へ行き、また日本から中国に戻る過程においての心理状態の変化と現在の心境を理解できなかった。私の気持ちを吐露しても彼女には外国語のように響いたようだ。日本に身を置き自ら体験しない限り、日本のことは分かり得ないのである。

私は娘の世話をしてくれたお礼として母と義母にそれぞれ五十万円をあげた。残りはすべて愿僧に渡し銀行に預金した。その時お金はいくらあるか、その金を何に使うか、私には全く興味がなかった。お金は紙屑同然だった。意識しないまま、私は再び日本へ行き、再び「円」を稼ぐのだと思っていたのである。

長い時間をかけて日本の知人に手紙を書き始めた。そうすることによって空しく退屈な日々を紛らわそうとした。これらの手紙は、郵送したものもあれば、手元に残したものもある。昼間はほとんど手紙を書いて過ごし、夜は日本の連続ドラマを見ていた。以前はつまらないものだと思っていたが、今はきわめて魅力的に映った。内心、私は極端な親日派になり、日本のものはすべてすばらしく、祖国のものはすべて粗悪なものとなった。

愿僧が私のこのような心境の変化に気付かないわけはなかった。ある晩遅く帰宅した彼は、寝ていた私を起こさないように、応接間に以前子守りが残した簡易ベッドを広げて眠った。その簡易ベッドは子守りが辞めてからずっと隅に放置されていたものである。このベッドのお陰で、私たちは気まずくても同じベッドで寝なくても済むようになった。爾来、私は寝室に、愿僧は応接間に寝ることが常になった。義父母に聞かれると、彼は暑くて寝苦しいからと言い訳をした。彼が朝何時に起きて出かけ、夜何時に帰ってくるか私は全く知らなかったし、興味もなかった。一方、私が何をして一日を過ごしたか彼も知らなかった。私たちの夫婦としての生活は事実上解消され、いうまでもなく性生活は皆無だった。

私は彼の家族とほとんど食事をともにしなかった。もう彼らの言い争いを聞きたくなかったし、娘が箸でご飯粒を数えたり、両足をテーブルの上に置いたりするような行儀の悪さにもうんざりしていた。我慢できずに彼女の足を叩くと、涙もなく大声で泣き喚いた。こうなると、大変だとばかりに、爺さんと婆さんが焦って彼女をあやすようになった。私は見ていられなくなり、食事の途中で退散するしかなかった。

もはや日本に戻ることが私の中での緊急課題であった。あらゆる可能性、方法を考えてみた。すでに〝就学〟と〝留学〟の経歴があったため、残りは〝観光ビザ〟しかなかった。しかしこれはまず日本からの要請がないとできない。このビザの取得はたいへん難しく、私の知る限り、観光ビザで日本へ行けた人は皆無だった。

それにもかかわらず、私は試してみようと決心した。店の常連客であった人に頼むことにした。この人はある大企業で重要なポストに就き、数千万円の年収があった。帰国前、彼は私をある出版社に連れて行き、旧友を訪ね、そこで私に絵を描く仕事を斡旋しようとしてくれたことがあった。出版社側は漫画のできる人材が必要だったが、私には漫画の才能がなかったため、先方の意に沿わぬ結果となった。この事を彼は後々まで気にしていたらしい。観光ビザの件を話すと喜んで協力を買って出た。すぐに入管関係の本を買いそろえ、研究を重ねた後、書類を揃えて外務省に申請した。しかし申請窓口に出すたびに受け付けてもらえなかったらしい。彼には私を日本観光に誘う理由もなければ、私たちの間柄は何ら特殊な関係ではなかったからである。私にも特別な理由と資格がなかった。結果待ちの一定期間を経た末、観光ビザを取得することは不可能という結論が出た。

残りの道は日本人と結婚するしかなかった。桂林は観光地であるため、すでに国際婚姻紹介所が存在し、現地人と外国人との婚姻手続きを専門に行なっていた。桂林で婚姻届を出してから出国手続きをするのが一般的だった。しかし私の目的は結婚ではなく日本へ行くことであった。事情を聞いて絶望し、私は二度とそこへは足を運ばなかった。

日本に行ってから結婚するとなるとケースが全く別であった。資料を提供してくれる日本人がいれば、出国も夢ではない。日本に行けば結婚するかどうかは私の自由である。多くの中国人女性がこの方法でビザを取得し、成田空港に到着するなり、たちまち姿をくらました。日本へ行きたいことは確かだが、日本人と結婚することは不本意であり、〝偽装結婚〟も考えたくなかった。この方法はあまりにも危険過ぎると思っていた。

私はさらに小丹と阿倉にアドバイスを求めた。阿倉はその時デザイン専門学校を卒業し、あるアパレル企業に就職したばかりだった。初めての仕事に重圧を感じており、自分のことで精一杯のようだった。彼女は焦らずにゆっくり考えるようアドバイスするに留まった。

日本で忙しく過ごす彼女の事情を聞くと、桂林でくすぶっている自分がさらに情けなく思えた。絶望感が日に日に増していった。悩んだ挙句、私は背水の陣をしいて賭けに出ることにした。

日本人と結婚するのだ。どのように結婚し、結婚してからどうするかについては考える余裕がなかった。第一に、誰が手伝ってくれるか考えなければならなかった。

成田のやさしい笑顔が即座に脳裡に浮かんだ。彼の存在は私に光りを与えてくれた。彼こそ最も条件に合う人間であった。独身であり私との付き合いも長い。その上私のことが好きである。彼のことはまだよく知らないが、いい人に違いないという確信があった。加えて彼は無個性で軟弱な人であるため、私が日本に行って結婚する意志がないことを告げても私を困らせるようなことはしないだろう。きっと見逃し、自由にしてくれるだろうという計算もはたらいた。

外国人が日本人と結婚する場合、具体的な手続きはどのようなものか、私は全く知らなかった。日本にいる小丹が色々と方法を調べて奔走してくれた。そしてすぐにある重要な情報を教えてくれた。日本の法律では、女性は離婚後半年経たないと再婚ができない。つまり私のような人妻が再婚する場合、離婚して半年後にならないと手続きが始められないのである。仮に最も速いスピードで離婚したとしても、再び日本に行けるのは半年後になるのだ。急がねばならない。離婚が最優先課題となった。

しかし、どんな理由があって愿憎と、私を愛する義父母や娘と離れることができるのだろう？　もし愿僧が私を傷つけるような事をしたのならまだしも、彼は私を傷つけたことなど一度もない。彼の欠点はみんな取るに足らない小さなものであり、彼ほど私を自由にさせてくれる男はほかにいなかった。また、愿僧の家はすでに私の家であり、彼の家族も私の家族であった。彼らを愛する気持ちは肉親を愛するものと同じだった。離婚はこの家庭にいかなる影響を及ぼすのか、愿僧、娘、そして彼の両親もまたどんなに悲しむのか。

私は苦悩に身を焦がした。眠れぬ夜が続いた。心は千々に乱れ、気も狂わんばかりの懊悩に体が悲鳴をあげつづけた。しかし日本に戻るという強烈な願望は、最終的に私の良心、ひいては家庭に対する責任感、道徳心にまさったのであった。私は何も顧ずに日本へ行こうと思った。私は電話で小丹に言った。「片足を折られても、日本に這って行くのだ」彼女は驚くと同時に恐怖の色をにじませた。「頭がおかしくなったのか？」。

愿僧もついに私が狂ったと思った。この考えを彼に打明けた時、彼は私が一時的に錯乱し、世迷い言を言っているのだと思った。日本のほうが彼と娘よりも魅力的だとは信じられなかったのである。私がこの上なく娘を愛しているのを彼は知っていたし、自分を見捨てようと思っていても、娘を思う心で実行できないだろうと思っていた。まだ桂林の生活に馴染めないのだと彼は判断し、もっと長い目で考えるよう私を説得にかかった。彼も帰国した当初は一時的な迷いがあったが、桂林はやはり自分の家であり、あらゆる面において便利である。桂林には日本にない良いところがたくさんあるし、私が持ってきた日本円で十分裕福な暮らしができる。それに近舒もすでに大きくなったなどと言い聞かせた。

彼は暇を見て私たちを七星公園に連れて行ってくれた。これは初めて家族揃っての外遊であり、近舒が生まれて初めて両親のいる喜びを享受する場面でもあった。児童楽園で近舒は旧型の飛行機の遊具に乗り、歯が丸見えになるほどの笑みを浮かべていた。私は離れた竹林の陰から娘を眺めながら、母親から離れると彼女が屈託のない笑顔を浮かべることに気づいた。彼女は肉親の慌しい出入りにより、様々な愛情に晒され、一貫した母性愛を得たことがなかった。そのためか、彼女は集中力に欠け、感情も専一なものではなかった。少し物心がついてからは私を拒むようになった。私の心の痛みと自責感は、彼女の天真爛漫な様子によって、一層えぐられた。

愿僧はどういうわけか順番待ちで並んでいたある父親と喧嘩になった。最初は声が小さかったが、次第に大きくなり、大勢の野次馬が集まってきた。「まったく、礼儀知らず、世間知らずなやつだ」と、憤懣やるかたない様子で戻ってきた愿僧が言った。私は突然、ある種の劣等感が身内に滾るのを感じた。こんな人のどこに未練があるのか？　彼は私たちの距離を縮めようとしてここに連れてきたのであろう。しかしこの瞬間、私が彼を捨て、一人で未知の世界へ駆け出そうと決意したとは、彼は夢にも思わなかっただろう。

私は計画を実行し始めた。まず言葉を選びながら成田に手紙をしたためた。ずっと昔に両親が桂林に住んでいたため、私は桂林で結婚した。しかし今は訳があって離婚を考えている。気持ちが落ち込み、また日本へ行きたいと思っている。その一番の理由は、貴方と過ごした日々が懐かしいからだ、是非とも再会したい、等と書いた。私が書いたものは全てが嘘ではなかった。日本に戻りたい切実な気持ちは、日本に対する懐かしさによるものが多かったのである。過ぎた日々はきまってそのよい面だけを追憶したくなるものなのだ。

一週間ほど経ったある晩、成田は突然電話をかけてきた。手紙が届いたが、毎日帰りが遅く、返事を書く時間がない、それに手紙は時間がかかるため直接電話をかけることにしたという。彼は明らかに私と連絡が取れるようになったことに興奮していた。と同時に口調にはあからさまな疑いが感じられた――私の過去は手紙に書いてあったような単純なものではないだろうし、私の突然の変化は彼にとって青天の霹靂であった。特に日本で再会したいなどと突然言い出したことに彼は驚かされたらしい。

通話中に愿僧が店から帰ってきた。手にヘルメットをもち、私が日本語で話していたのを聞き少し訝しそうな顔になり、それから嫌がられる前に気を利かし、部屋を出てドアを閉めた。彼の行動には私も少し驚いた。しかし、心はすでに彼から遠く離れ過ぎてしまっていたことに気づき、ここまできたらもう振り向く必要がないと思った。

その日から私は成田と連絡を取り続けた。私が手紙を書き、彼が電話をかけるのが通例となった。同時に東京にいる小丹も手助けのために頻繁に成田と会っていた。彼女は、成田が十歳以上も老けたように見えて、かわいそうに見えると言った。このかわいそうな人との暮らしが具体的にどんなものになるのか、私は考えたこともなかった。彼が私を窮地から救い、もう一度日本に行けるようにしてくれるだけで充分であった。私は本能的に近舒のことを伏せていた。万が一彼が母親としての私を受け入れることができなかったら、最後の日本行きの道も失ってしまうからである。愛情はあるがどうすれば日本に呼べるかわからないという彼の気持ちを確かめてから、私はついに彼に告白した――結婚することだけが私を日本に呼ぶことのできる唯一の方法である、と。

この時から内心彼は私を疑うようになったようである。これほど軽率に結婚を決めるには、きっと誰にも言えない事情があるに違いないと彼は考えていた。確かに私と彼のそれまでの付き合いは、友達としてのものであり、結婚とはおよそかけ離れていた。彼は私との結婚を真剣には考えていなかったのである。八、九年間も気楽な独身生活を送ってきたうえ、国際結婚の失敗例が本やメディアに多く紹介されていた。結婚は面倒だ。国際結婚となるとさらに面倒なことである。彼はそんな重荷を背負いたくなかった。私を落胆させまいと、彼は多くの理由を並べて私に自ら身を引かせようと試みた。

日本と中国は習慣が違うし、言葉も違う。現実生活に色々な不便が出てくる。これらの問題を考えたことがあるのか？　怖くないのか？——すべて功を奏さなかった。私はあたかも確信しているかのように彼に答えた——そんなことは問題にならない。言葉や習慣の違いは勉強すればいい。私はただ精神的な慰めを必要としているだけだ。今の生活を忘れて新しい慰めがほしい——切々と彼が唯一の慰めであると訴えるのであった。

次に彼は自分の経済力がないことを強調しはじめた。長年の独身生活をしていながら貯蓄はゼロ。結婚の支度金もなければ、私の日本行きのチケット代さえ負担できないのだと言う。私は食い下がった。旅費は自分で負担するし、貯蓄もある。必要な時彼を助けることだってできるのだ。すると彼は、成田家の長男として、父親が亡くなってからは自分が一家の主人となったため、彼の結婚には家族の名誉がかかっていると言い出し、家族と相談するから待つように言われた。私は待つと答えた。

実は、家族と相談する前に彼はすでに結論を出していた。彼をそうさせたのは彼の会社の社長、上原さんであった。成田は突然のことで理解に苦しみ、何度も私の気持ちを探ったり、言葉の端々から真意を読み取ろうと努力したが、結局は一歩も引かない私の姿勢に、男としての虚栄心が勝ったのである。彼はいささか自慢げに社長に報告した。上原さんは以前から彼を重用したいと思っていたため、彼が速く家庭を築くことを望んでいた。私本人には会ったことがないが、恋愛には国籍がないと考え、彼を愛する人がいて、彼もその人を愛しているのなら、結婚を考えるべきだと言ったらしい。社長の意見と成田の大雑把な性格がたちまち同調したのだ。

ある静かな夜、彼が電話で私と結婚することに同意すると伝えてきた。具体的な手続き方法が分からないため、調べる時間がほしいと言った。彼の肯定的な回答を得て、私はほっとした。しかしそれも束の間、たちまち泣きたくなった。これは現在の家庭を捨てることを代価に得た結果であるからだ。私はすぐに愿僧との二度目の話し合いに臨んだ。

「婚姻とはこんなにも信用できないものか……」愿僧は簡易ベッドに座ってタバコに火をつけた後、習慣的に私のタバコにも火をつけた。彼の手が震えていた。かつて愿僧は私の生命の一部であり、肉体の一部だった。ある意味では永遠に私の大切な人であるが、もはやあらゆる意味で魅力はなかった。彼と別れることで良心は痛んだが、愛情の絡み合いや未練は全くなかった。彼の驚きは怒りを通り越していた。私が本当に娘と彼を見捨てるとは思ってもみなかったらしい。

彼は一言だけ問いかけた。「近舒をどうする気だ?」口にするなりすぐ、自ら答えを出した。「きみにはやれない」と。私には予想はついていた。女房を失い、娘まで失うことは彼には考えられなかった。私にしても彼女を連れて行くような危険を犯す度胸はなかった。愿憎との協議離婚の条件として、私は娘の親権を彼に譲ることに同意した。そして彼の必要なだけの日本円と、私が日本から持ってきた品物、電気製品も含むすべてを残して行くと約束した。私は東京で買った電子ギターだけは持っていくと言ったが、愿憎はそれも残すよう要求してきた。離婚によって彼は今後の金の出所を失ってしまうのである。最後の機会にできるだけ取れるものを取っておこうと考えているのが分かった。私が義理の立たない事をしたのに対し、彼も人情を捨てることにした。私は彼を理解し、彼の痛みも分かっていたつもりだが、それと同時に彼に対する失望感も大きかった。人間は、肝心な時にやはり自分の利益を最優先するのだ。愿憎でさえ例外ではなかったと思った。これで彼に対する惜別の思いが一気に霧散した。

彼が出したもう一つの条件は、私たちの離婚を口外しないことである。特に彼の両親には絶対に打明けてはいけないと言った。母親が嫁を失う事で寿命が縮むのではないかと心配したからである。それに彼自身も画廊界の人間で、絵と関わりをもつ人のほとんどが日本に行ったことがあり、日本人との付き合いがある。そのような人たちに奥さんを日本人に取られた無能な男だと言われるのが怖かった。私はいつも彼にとって誇りであり、自慢話の資本であった——この秘密は未だに守られている。

ある夜、私は考え事に疲れて眠ってしまっていた。夜中に、抑えた小さなすすり泣きで目を覚ました。結婚以来、愿僧が泣いている姿を見るのは初めてだった。私も大声をあげて泣きたい気持ちになった。しかし決心はすでに固まり、人間性や人情などは放擲したのである。私はただ歯を食いしばって毛布を頭に被り、目と耳を塞いだ。

今思い出しても、彼ほど無条件に私に従順だった男は、この世に存在しないだろうと思う。彼は自らの苦痛をもって私に喜びを与えた。私が彼を傷つけたとしても、決して私の意見に逆らうことなく、自分を傷つける事で事態の収拾を図った。もちろん、彼にも逃げ場があった。彼のガールフレンドが精神的な慰めを彼に与えていたようだ。

一九九一年五月十八日、愿僧と私は桂林である人民政府婚姻登記所にて、密かに離婚手続きを済ませた。財産その他のいざこざもなく、呆気ないほど順調に手続きは終わった。娘の親権は彼が得ることになった。離婚していながら私は依然彼の家に住み、彼の両親と娘と一緒に暮らし、彼の両親を「お父さん、お母さん」と呼んだ。寝室も今まで通りで、夫婦円満の見本のようであったが、ドアを閉めれば他所を向いてそれぞれの夢を見るのであった。結局この離婚生活は誰にも見破ることができなかった。

私の母も、離婚手続きが終わるまで真相を知らなかった。彼女は家庭を重んじる人で、最近の愿僧の行動には不満があったものの、離婚したことを告げると、断固として反対した。しかし何を言ってももう遅かった。彼女はただ「日本へ何しに行くの？」と質問を繰り返した。継父も私の将来を不安がった。祖国を離れて生活すること自体冒険である。今の私には住居もお金もあり、中国人が夢見るものすべてを手に入れたのに、いまさら外国へ行くことはないだろう。そんな必要がどこにある？　近舒の将来はどうなる？　と言葉を費やして説得を続けた。

夏休みに成田は九州の実家に帰った。父親の三回忌だったため、東京にいる三人の弟妹及び現地に嫁いだ一番上の妹を含めた家族全員が集まり、そこで成田は私とのことを公表したらしい。家族の意見を求める必要はなかった。長男として絶対的権力を持つため、家族全員が彼の選択に同意したのである。

東京に戻ってすぐに、彼は私に電話をかけ、具体的な手続きに入ると伝えた。書類を揃え記入し、外務省へ提出するのである。仕事をしながらであるから、ことの進行が遅く、私は待ち遠しく感じた。遠まわしに彼を催促しながら、小丹にも彼にプレッシャーをかけるよう頼んだ。週末になると彼は私に電話をかけ、長話になった。毎月の平均電話料金は七万円にも達していた。私の出身地が桂林であるか香港であるか（書類を書いたとき、私の出身地が桂林であることがわかった）について、彼はそれほど興味を示さず、頻繁に彼と連絡を取り合っていた小丹と私との関係についても関心がなかった。唯一、私がなぜこれほど急に、彼に情熱を示すようになったのか、それだけを知りたがった。通話の中で彼は想像していたようなおとなしいだけの善人ではなく、分析力と推理力に優れた、頭の回転が速く聡明な人であることを知った。私はさらに慎み深く、良く考えてから話すよう自分に言い聞かせた。

母、愿僧及び彼の両親に渡したお金を除いて、私にはまだ四百万円が残っていた。三年間、血と汗を流して稼いだお金であり、これからの生活における保証金のようなものである。金額が大きすぎて税関で引っかかることを恐れ、私は成田に上海まで迎えに来てもらい、お金を彼に持たせることにしようと考えた。日本人なら制限されないし、調べられることもない。それに彼と結婚すると決心した以上、お金のことを彼に黙っているべきではなかった。彼が中国でかかるすべての費用を私が負担するとも約束した。

お金があることを知ってから、彼はある日電話で、給料が飲み代に消えたので少し用立ててくれないかと聞いてきた。私は彼の不謹慎さに驚いた。私自身は人から金を借りることはしないからである。しかし私は彼の不謹慎について深く考えたくなかった。なるべく良いほうに考え、彼を理想化しようと努力した。彼が私を最も親しい人だと思っているからこそ胸襟を開いたのだと自分なりに解釈した。私はすぐに小丹に連絡し、五万円を立て替えてもらい、貸してあげることにした。彼女は言われた通りのことをしたが、一人暮しでも給料が足りないくらいでは、家族を養う能力があるのかと言った。私は「大丈夫、日本に行ったら私も仕事ができるし、どうしようもなければまた水商売をやればいい」と気軽に言った。当時私はことを簡単に考え過ぎていたし、成田を美化し過ぎていた。愿憎同様、いずれは彼も私の言いなりになるだろうと勝手に想像していたのである。

母は私の好きなようにすればよい、という前提のもと、彼の写真を見て、性格が良さそうな人だが、年が私と離れ過ぎてつりあわないと言った。もう一つ彼女が心配したのは彼の毛深いところであった。毛深い男性は性欲が強いので、私が耐えられるかどうかが心配だと言った。私はおかしくて笑いたくなった。私でさえそんなことを考えてもいないのに、どうして母がそこまで考えるのか？

彼と結婚することに性生活が含まれるとは考えたこともなかった。私はこの基本的な問題を避けて非現実的な夢を見ていたのである。母はこの問題も考えなければだめだと注意した。私は構わなかった。私を日本に呼び戻してくれたことに感謝する点においても、性生活にしても嫌いなものではなかった。成田は言うまでもないが、日本に呼んでくれるのならもし別の男性であってもためらわず体を差し出したであろう。

七月二十八日は近舒の満四歳の誕生日であった。彼女の存在によって私は離婚の決心を躊躇い、決心してからも気持ちが重かった。彼女は私を中国に束縛する、最も強い力であった。愿僧も親権を主張したものの、時が経つにつれ、近舒を手元に置くことにしたのは失策だったと考えはじめたようだった。残暑が残る九月のある朝、彼は応接間のドアを開け、ベッドをたたみながら窓の外を眺めやり、私に素っ気無く一言を投げかけた――「近舒はやはりきみが連れて行け、その方が良い」

彼が考えを変えたのは、娘の教育に自信がなかったからであろう。子供にとって、父親よりも母親の方がずっと重みのある存在である。それと同時に彼はガールフレンドと頻繁に会っていたため、娘が少し邪魔な存在になったのかもしれない。本当の理由については追及する気がなかった。いずれにせよ、出産の苦しみを味わったのは私なのである。

すぐに私たちは婚姻登記所で親権交替手続きを行なった。サインをする時、ふたりとも黙り込んだままであった。彼は大事なものを失った空しさを覚え、私は一生の重荷を背負いこんだような気がした。これから死ぬまで私は近舒を連れて行くことになる。私はまず、彼女を背負って国境を超え、異国で彼女が生存できる環境を作らなければならなかった。

ここに至り、ようやく成田に近舒のことを黙っていた事を後悔し始めた。しかしいまさらどうやって彼に話せば良いのか？　彼はすでに私との結婚という現実を受け入れたし、子供もいなかった。日本に行ってから彼に一生懸命尽くせば、私の娘を受け入れてくれる可能性はなくもない。娘のことが私たちの間に影を落とすことになってしまうことはあらかじめ予測できたが、いま告白することの恐怖心のほうが大きかった。私は口を閉ざした。

最後の手続きは、広州にある日本領事館でビザをもらうことであった。愿僧が同行することになった。道中、私たちは以前のように世間話をし、また親密な関係に戻っていった。互いに気楽に接することが出来た。まるで兄妹のように、性の感覚が消えうせていた。私は、日本に行ってからすぐ近舒を迎える準備をすると彼に言った。彼もそう望んでいた。そして私を待ち受けるさまざまな困難を予想し、あまり強気だと相手に受け入れられないから、もっと女らしくなったほうが良い、私はやさしいが自己表現が下手で誤解を招きやすい、だから良く考えて行動すべきだ、などと色々アドバイスまでしてくれた。それから彼のガールフレンドのことも話してくれて、二人はうまくいっているから心配しないように、と告げた。

そしてできれば彼ももう一度日本に行き、チャンスを掴みたいと言ったが、結局それは果たされずに終わった。

六　離婚そして結婚

一九九一年九月二十九日、初秋のある晴れ晴れとした日に、私は桂林を発った。兄大雨が家族を代表して、上海空港で成田と会うことになった。この面会のために、成田は、初対面の兄大雨にどんなプレゼントを買ったらいいかさんざん悩んだらしい。近所の高級中華料理店の香辛料にしようとしたが、小丹に笑われ、結局、空港の免税店でウイスキーを一本買って兄にプレゼントした。兄も笑った——自分はお酒を飲まないし、成田が酒好きだと聞き、わざわざ桂林で高級ブランデーを買っていたのである。

成田に会うのは半年ぶりであった。小丹は彼が老けたと言ったが、私には逆に若返ったように見えた。ひげがきれいに剃られ、あごの辺りが青々としていた。顔色とは対照的に髪の毛は艶やかな黒に染められていた。この日のために懸命に外見に気を配った努力のあとがうかがわれ、私は嬉しくなった。会う前から何度も彼の顔を思い出し、彼との再会の場面も想像したが、いつもうまく思い浮かばなかった。再会はただ、私を興奮させた——ついに目的を達成したのだ。これは奇跡であった。

空港ホテルのレストランで、私を通訳に兄大雨と成田が話し合った。話の内容から兄は彼が真面目で信頼できる人だと判断した。私は成田と同じ部屋に泊まった。部屋で靴下や腰に縛ってきた現金を取り出して、その苦労して稼いだ日本円を彼に渡した。彼は一枚ずつ数えてから、上着のポケットにしまい込んだ。そして少し赤面して「銀行に五十万円の借金がある」と白状した。理由を質すと、寂しさを紛らわせるため頻繁に飲み屋に通っていたのだという。国際電話も多かったから、と彼は付け加えた。不意に気分が悪くなった。お金がなければ仕方ないが、自分を律する能力もなかったら大問題である。しかしすでに自分の貯金のことを打ち明けて、彼に携帯してもらうことまで頼んだ以上、助けないわけにはいかないとも感じていた。日本に帰ったらすぐに私の貯金で借金を返し、今後は借金しないように彼に言った。彼は素直に頷き、これからはこういうことがないように努力すると誓い、私の助けに深く感謝すると言った。

翌日、空港の税関を通る時、職員が成田に、昨日通関した時の書類の控えを提出するよう要求した。彼はそのような控えをもらっていないと、私に通訳させた。しかし職員は全員に渡したはずだと言い張り、ついに喧嘩腰になってしまった。彼に話しても通じないと気づいた職員は、私に控えがないと彼を通すことができないと説明した。私はイライラして成田を責めた。結局職員は通してくれたが、彼はその時の私のあまりにも厳しい顔におののきの色を見せていた。

税関の中から手を伸ばし、ゲートの後ろに立つ兄に別れを告げた。彼のメガネは曇っているように見えた。私たちは握手を交わした。「元気で、紹赤。元気でね」私は胸が詰まって、兄と同じように「元気でね」としか言えなかった。私は兄を愛している。しかし新生活に対する憧れは、別れの悲しみを和らげた。

その日の午後、私たちは成田空港に到着した。東京へ向かうリムジンバスに乗って、窓越しに高速道路の灯かりを見ながら、私の心はこの町の呼吸に共鳴し、鼓動しているような気がした。埼玉県川口市にある成田の家に着いたのは、夜の十一時だった。

ここは彼が別れた奥さんとともに暮らしていたアパートである。部屋は井田荘より二部屋も多かったが、かなり雑然としており、生活用品を置く倉庫のようだった。ダイニングルームには食卓がなく、コタツの櫓が机代わりに置かれてあった。離婚した時、奥さんがほとんどの家具を持って行ったのだと彼は説明した。九年前の、彼ら夫婦の幸と不幸の様々な跡が残されているのだ。建物は古く、設計も旧式であった。しかし私は、この家の歴史を連想して不快感を覚えることは全くなかった。日本人成田よりも、日本によせる思いのほうがずっと大きかったのである。したがって彼の過去など全く気にならず、嫉妬心など微塵も感じなかった。彼は、依然友達のままであり、付き合いの長い先輩であった。

彼は私の目的達成を助け、いずれ近舒の手助けもするだろう。それだけのことである。彼に感謝するのみであった。資料を書いて外務省へ申請したこと、私を迎えに行くためのビザを中国大使館で申請したこと、これらの時間と労力を要することを全部、彼は私のためにやってくれたのだ。

荷物整理と入浴を済ませると、彼は上着のポケットから私のお金を取り出し、借金を返すための五十万円を抜いた。それから寝る準備を始めた。彼は押入れからふとんと枕を取り出した。たちまち強烈な黴臭が部屋に充満した。枕には丸い黒しみがくっきりと残っていた。涎ではないかと思い、なぜきれいに洗濯しないのかと冗談っぽく彼に聞いた。桂林で半年も待っていたのに、日本に来た最初の夜をこのような環境で過ごすとは思わなかった。彼は新しい蒲団や枕も買えないほど貧乏だったのかと考えると、内心に不満と屈辱がこみ上げた。買えなかったら洗濯すれば良いのだ。クリーニング屋へ行き、幾らかの金を払えばできる事なのに。彼は借金するまで酒を飲み、バーへ通うことはできても、私のために少しの時間と一晩の飲み代ほどのお金をかけようともしなかった。失望すると同時に悲しくなった。日本人の習慣は知らないが、これは人間としての常識ではないかと思った。

ところが彼は素早くふとんを敷きながら、「こういうことは普通、奥さんがやることだ。君はわからないのか？」と言ったのである。私は驚いた。川島さんの奥さんや橋本さんの奥さんの忙しい姿は見たことはあるものの、日本人の家庭内部を覗いたことがなかったため、主婦の具体的な生活内容は全く知らなかったのである。飛行機を降り、日本に着いたばかりだったが、ある不安な予感に駆られた。日本に行きたいという悲願は達成されたが、これからはその夢の代償を払わなければならないのである。

その夜、成田の母親が電話をかけてきて、私に歓迎の意を表した。まるで自分の息子が成人前の子供であるかのように、彼女は「宜しくお願いします、ありがとうございます」を繰り返し、「夫はわがままだから、気にしないでね」と付け加えた。一方息子のほうは、たびたび「家内」という言葉を使い、「家内は大丈夫、一生懸命な人だから」と母親に私のことを誉めるのであった。彼は上機嫌だった。

夜がきた。母が予想したのと全く違い、彼はそれほど性欲が強くなかった。特に酒を飲んだ後、彼は欲望があっても実行できないのであった。私は彼に愛情を抱いてなかったため、面倒なことが省かれてちょうど良かった。肉体関係は彼への感謝のつもりで、本心から愛し合うつもりはなかった。

翌日から私はこの家の〝家内〟になった。彼が使っていたふとんと枕を押入れに押し込み、掃除を始めた。持ってきたお金で、洗面器、風呂場のマット、畳の上に敷く絨毯などの日用品を買い揃えた。すべての家具は古ぼけていた。成田が部下に奢るときの様子や彼の古びたコート姿が目の前によみがえった。

私を日本に呼び戻したお礼としよう、そう考えて、台所に行き夕食の支度を始めた。実はこの歳になるまできちんとご飯を作ったことがなかった。結婚前は母が、結婚後は義母が、そして東京に来てからは愿僧が作っていた。愿僧が帰った後、食事はインスタントラーメンや既製品で済ませていた。手首や指先のぎこちなさを痛感しながら、記憶を頼りに二時間近くかけて、母や義母がつくった三種類のおかずを再現した。里芋を蒸した物、鶏の足を炒めた物とかに玉子。準備が整うと、帰宅した成田の評定を待った。

中華料理の手料理が新鮮だったせいか、外食が多かったせいか、成田は大いに誉めた。しかしすぐに、やはり日本料理が口に合う、私の味付けは濃過ぎるから少し勉強しなければだめと付け加えた。そして、大皿ではなく小鉢を使って小分けに盛り、店で出されるような食膳にしたほうが良いと意見を言った。

父親も兄も酒を飲まない人だったため、父が杯をもち、母が相手するといった光景を目にしたことがなかった。父親は食べるのが速く、いつも一番に箸を置いた。それに対し成田の食事は、牛のように遅かった。中国の義父のように、彼も食前に酒を飲んでいる。しかももっと時間をかけ、量が多かった。一口飲んではおかずを口に入れ、良く噛んでから飲みこむ。それから箸を置き、少し間を置いてからまた一口飲み、一口食べ、気がつくと一時間以上を食事に費やしていた。私は落ち着かなかった。さっさと食べてもらい、皿を片付けて休みたかった。無駄な時間にお付き合いするのはごめんだった。

彼はまた、もう一つの問題を指摘した。そろそろYシャツの着替えがなくなるのだ。洗濯物の籠にはすでに数枚がたまっており、私が処理するのを待っていた。以前彼はクリーニング屋に出していた。私が家で暇を持て余しているのに、一枚二百円もかけて洗う必要はない。しかしこの二百円のために私は四苦八苦した。小さい頃はアイロンを見たことがなく、大きくなってからは触ってみる気にならなかった。このとき初めて持ってみたが、重い錘を持っているかのようで、どうしても手に馴染めなかった。一時間かけてやっと一枚が完成した。一日やって三枚を片付けたが、腕が痛くて泣きそうになった。仕方なく残りのシャツをクリーニングに出すことにした。

一日の中でもっともリラックスできるのは、成田が晩酌と夕食を済ました後の時間帯である。互いに一日の仕事が終わり、尽きることないおしゃべりを楽しんだ。生活の中に中国人が入ってきて、彼は中国語を習いたくなったらしい。私は意味を説明せずに幾つか教えた。彼が真似して口に出した瞬間、私は笑いこけた——成田は頭が大きい。成田は脚が短い。成田はお腹が大きいという意味を説明すると、彼も笑った。

小丹は何回か会いにきてくれた。彼女はそろそろ日本語学校を卒業するので、大学受験の準備に入っていた。彼女が見たのは、私と成田の楽しい面だけであったため、羨ましく感じたようだ。大学受験をやめ、日本人と結婚しようかなと言い出した。「一人だと本当に疲れるわ。誰か私を養ってくれる人いないかな」。

私は成田に私を呼んだことを後悔させないため、できるだけ彼に尽くそうと考えていた。彼のほうも仮に私の過去が複雑なものであっても、二人がこれほどまでに親密になった以上、もはや追及する気がなくなったらしい。彼は自分の社長に私のことを誉めたようだ。社長に私を紹介することになった。

上原社長は結婚して二十数年、未だに子供に恵まれていなかった。そのせいか成田の二度目の結婚に大いなる期待を寄せ、円満な夫婦生活を望んでいたようだ。ある暑い日の夜、上原夫婦は、池袋東武デパートにある日本料理の老舗に私たちを誘った。彼らはそこで、私たちの仲人を引き受けると言い出したが、正式には返事をしなかった。心の中で私は考え事をしていた――もし彼らが私に近舒がいることを知ったら、恐らくこの提案を取り下げるだろう。

つづいて第二、第三日曜日は、東京に出てきている成田の弟妹の家を訪ねることにした。一番上の妹は九州で結婚していたため、私たちは彼の弟二人と、末っ子の妹を訪ねることにした。二人の弟はすでに結婚して分家しており、子供たちも中学や高校に入学していた。

彼らは兄の再婚を喜んでおり、私に対しても温かかった。更に温かく迎えてくれたのは二人の義妹だった。お茶を出したり食事の支度をしたり大忙しだった。それに対して弟たちは座ったままで動こうとせず、客のようにお茶や酒を飲み、おしゃべりしているのである。最後に訪れた妹の家では、彼女は食事の準備に忙殺され、話すどころではなかった。二人の弟と妹の家庭を見て、日本人男性と中国人男性との違った一面に気づいた。中国人男性は親戚が訪ねてきたら、積極的に妻を手伝い、座ってみているような真似は絶対にしない。中国では、客が訪ねてきて主人が座ったまま動かない事は恥辱とされている。桂林にいた頃、兄と妹はよく会いにきてくれた。その都度愿僧と彼の母親はどんなに熱心に動き回ったか！　目の前にある日本の家庭とはまるで逆の光景であった。

私は中国と日本の家庭観念の違いに圧倒されていた。末妹と別れてすぐに、意見を述べた――「彼女はかわいそうだね。あんなに疲れて、まるで家政婦みたい」。中国人の目に、家政婦は社会の下位に位置付けられる。田舎から出てきて、都会で居候する人が多いのである。私の言葉に成田は驚いた。「何？　かわいそう？　彼女は持ち家に住み、子宝に恵まれている。女はこのような生活ができて幸せじゃないか？　家事をやらなければ何をやるんだ？」と反論した。私は口をつぐんだ。根本的な価値観が違っていた。私は黙り込んだまま、帰りの電車の中で、若い日本人女性たちを見ていた。彼女たちはみな髪を長く伸ばし、しゃれたバッグを肩にかけていた。活発で美しく、笑顔が溢れていた。しかし結婚して妻になれば、彼女たちは恐らくこんなすてきな笑顔を二度と浮かべることが出来ないだろう。そう憂鬱に考えた。

この頃から成田も私の問題に気づきはじめた。私がイライラしたり、ぼんやりしたりすることがしばしばあったからである。彼は仕事から帰り、晩酌をする時、私に全力を尽くして相手することを望んでいるにもかかわらず、私は知人を見つけるため、方々に電話をかけつづけていた。娘を日本に呼ぶ方法を必死に探してもいた。旦那の食事中に妻が電話をかけることは、日本人にとって重大な問題であるかもしれない。しかし、私は旦那の食事中、妻が自分のことをすることは当たり前だと思っていた。愿憎の母親でさえ、旦那にご飯をよそったことがなく、義父はいつも自分でおかわりしていたのだ。無論、彼の前でわざと電話をかけていたわけではない。夕方か夜にならないと、知人たちは学校や仕事で帰ってこないからである。私にはまだ友達と呼べる人がいなく、いてもほとんど日本語学校時代のクラスメイトだった。大学や専門学校へ進学した者は住所や電話番号が変わっていた。中国に帰った人も不法滞在になった人もいた。ほとんどは行方がわからなくなっていた。日本人の知人と言えば、ホステス時代の客だったが、彼らは私が結婚する予定だと知ると距離を置いてしまった。

私は孤独感に襲われていたのである。毎日のように成田と一対一の局面に立たされることにも飽きがきていた。彼は口には出さないものの、内心私への不満と反感を募らせていた。そしてこう確信するようになった。私は礼儀知らず、特に日本の礼儀を全く知らない人であり、さらにこの礼儀を身につけようとする意欲がなく、心の中に何やら自分の打算があるのだと。

阿倉と話しをしたかったが、彼女の夫と愿僧の関係で躊躇った。阿倉に本当の事を言えば、彼女の夫にも話が届くだろう。桂林で噂になれば愿僧に迷惑がかかる。私はこの友人を捨てることにした。彼女は私が日本に戻ったことを聞き、すぐに小丹に電話をかけ、居場所を聞き出そうとした。しかし私に言われた通りに小丹は、私が色々と忙しいので、安定したらこちらから連絡させると彼女に伝えた。阿倉は五回ほど電話をかけてきたが、以降連絡は途絶えた。

川島さんや橋本さんたちが、私が日本で再婚したという事実を受け入れられるはずがなかった。彼らは愿僧のことが気に入っており、私が初めて日本に来た経緯も知っていた。私が愿僧を捨てて日本人と再婚したと分かれば、助けるどころか、強く責めるに違いない。そして中国人はみんな利己主義で、自分の利益のために夫までも犠牲にする人種だと考えるようになるかもしれない。再び日本に来る夢は実現したが、あのやさしい年寄りたちと、もう二度と会えないことはきわめて悲しいことだった。

来日二週間目のある日、成田と私は、西麻布にある中国領事館へ赴いた。私が持っていた観光ビザは期限が三ヶ月しかない。三ヶ月以内に結婚し、〝日本人の配偶者〟に切り替えなければ送還される羽目になる。先ずやらなければならない事は結婚であった。具体的な手続きは良く分からなかったが、第一歩は、中国大使館へ行き、桂林から持ってきた離婚公証書をもう一度公証してもらうことであった。領事館には大勢の人がいて、どの窓口にも長い行列ができていた。

私が公証書を窓口に出し、「次はどうすればいいの？」と聞くと、事務員は面倒くさそうな顔をして、「どいて、次だ」と言った。後に並んでいた女性が私の肩を叩いて、やり方を知っているから、自分の手続きが終わったら教えてあげると言ってくれた。彼女は上海出身で名前を王といった。私より二つ年上なので、王姉さんと呼ぶことにした。一年前、上海の夫と離婚し、クラブで知り合った客と結婚した。この客は既婚者だったが、王さんが離婚させて、自分との再婚を実現させたのである。彼女も夫が先に来日してから自分を呼んでもらったが、結局私のケースと同じ、前の夫と離婚し日本人との再婚を果たしたのである。

王さんは一ヶ月前、自分の一人息子を上海から呼び、小学校に入学させた。彼女が領事館に来たのは、息子を日本の旦那の養子にする手続きのためであった。先夫が書いた同意書を領事館で公証をとり、それから〃養子縁組〃の手続きに入るのだという。

彼女はさまざまな情報を提供してくれた。お蔭で結婚手続きの具体的な方法を学んだだけでなく、娘を日本に呼ぶ方法もわかったのである。しかしすべては成田の同意と支持がなければ徒労に終わる。先ず彼は近舒の身元保証人になり、招聘状と資料を書いて中国に送り、それをもって近舒がパスポートとビザを申請しなければならなかった。近舒が来日したら、彼は彼女を養女として受け入れる手続きを行なわなければならない。これらすべてが終わってから、はじめて近舒は私たちと一緒に暮らすことができるのである。私は早急に彼に近舒のことを打明ける必要があった。

その日の夜、彼に、おずおずと近舒のことを打ち明けた。長い間黙っていた事を謝り、彼の気が変わるのを恐れていたことや、最初は娘の親権が父親にあったことなどを説明した。そして何はともあれ、近舒は私の命同然であり、彼女なしでは生きられない、親権は私に戻り、彼女と一緒に暮らさなければならないのだと話した。もちろん拒否されても構わない、私が帰国すれば済む事だとも言った。

この告白で彼の私への信用はゼロに等しくなった。彼は「あ、うう」と口篭もりながらタバコを吸いつづけて、機械的に手を擦っていた。どう反撃すればよいか分からないようであった。「少し時間をくれ」彼はその場で返事しなかった。最後に、「じっくり考えたい」と言った。その夜、私たちの間でほかに会話はなかった。

長い間、私の告白は、彼に大きな衝撃を与えたと思っていた。娘がいることを聞き彼は心底自分の浅はかを悔やんだに違いないと思っていた。しかし、結婚して八年後に彼が打明けた事実はまったく異なるものであった――当時、娘のことを聞き彼は逆に安心感を得たのである。彼にはすでに見当がついていた。私がこれほど落ち着かず集中力がなかったのは、子供の存在のほか考えられなかったのである。それに体にも分娩の跡が残っていた。問題はそこにはなかった。彼にとっての衝撃は、私が彼を愛し、結婚するために来日したのではなく、たとえ他の男であっても同じ事をしただろうという確信であった。

たったの二週間のうちに、私はすでに彼に対する不満を表わし、彼に家事を手伝うよう要求していた。彼が手伝っても文句を言い、私と同じように丁寧にやるよう要求した。

一方彼は、家事のすべてが私の仕事だと考えていた。結婚したのも家事をやってもらうためであった。私が怒ったときに上海空港で見せた凶暴な顔つきになることも、彼は気に入らなかった。その般若面こそ本当の私であり、今の冷静な顔をしているのは別人であるとさえ思っていた。やさしい時は彼に全力を尽くし、怒った時は凍りつくような顔になってしまう気性の激しさに、彼は戸惑っていた。しかし後悔先にたたず、既に上司や親戚に婚姻を触れ回っていた。面子を保つためにも彼はいっそのこと自分を欺き、すべて良い風に解釈しようと決心したのである。同時に私の運動好きも気に入っていたらしい。私はテレビの前や部屋から彼を戸外に引っ張り出し、暇さえあればバトミントンや、散歩に連れて行くのであった。そのため彼は健康が回復し、若返った。私たちの性生活も和やかなものであった。

およそ三日後、彼は結論を出した。娘のことは気にしない。結婚したのは娘ではなく、私であるからだと言った。しかし具体的にどうすればよいか分からなかった。もし娘が赤ん坊だったら、彼は迷うことなく彼女を受け入れただろう。しかし物心がついた四歳の子供、しかも女の子となると複雑であった。小さい頃から彼は女の子が嫌いで、相手をするのが苦手だったようだ。したがって彼は女友達が一人もいなかった。それに娘が自分を父親として認めないことを恐れていた。

私はと言えば、娘の問題がこれほど簡単に解決するとは思わなかった。すぐに行動を起こした。分からない事があると王さんに相談し、毎日三、四回も彼女に電話をかけた。彼女は娘の手続きについて色々とアドバイスし、日本人亭主との暮らしの方便を事細かに教えてくれた。彼女はお金の主導権を握ることが一番だと言っていた。われわれは異国で孤立して援助もない上、子供までいる。夫婦がうまく行っている時は問題ないが、万が一の時に備えてお金は必要である。私が成田の借金を返済し、彼の収入も出るほうが多いと聞くと、王さんはすぐこう言った――「あなたの将来を考えてよ。娘が来たらどうするの？もうホステスをやることはできないよ」。彼女は再婚した時、今後クラブでの仕事は一切させないと夫に約束させられた。それにこの歳になると、体力のいる仕事はもちろん、頭を使う仕事もできないので、経済力は夫に頼るしかなかったのである。

当時成田は給料をもらっても、ゴルフや麻雀、馬券や宝くじ、更には部下や取引先の客への接待などで、かなりの金額を浪費していた。借金ができるのは当然だった。彼に節約するよう要求したが、彼は、これは必要な支出であり、今までもこのように使ってきたのだから節約できないと言い張った。結局、給料は彼のもので、彼の言う通りにするしかなかった。かつては気前の良さは男の魅力とさえ思っていた。しかし彼とともに暮らすうちに、気前の良さとは私の利益を脅かす、恐るべき害悪であるとやっと気がついた。彼が使えば使うほど、奢る人が多ければ多いほど、私に残るお金が少なくなるのである。思い返すと、私は以前飲み屋の客たちの財布を開かせることで口を糊していた。彼らの奥さんたちはきっと家で節約に苦しんだに違いない。私は当時このことに気づかずにホステスになり、人の家の家計を乱していたのである。考えてみるとそれは罪悪だったと感じた。

次第に家庭生活への不満も募っていった。私は彼の召し使い、彼の下働きではないのだ。

こんな仕事は自分の一貫した生活宗旨に全く反していた。私がせっせと食事を準備し、一皿ずつ料理を運ぶのに対し、彼はテレビを見ながら酒を注ぎ、リモコンのボタンを触る以外、箸にも手を伸ばさないのである。しばし怒りが噴出しかけた。中国の女性は大方が働いており、帰宅してから夫婦ともに食事の支度をするのが普通である。むしろ妻を労わって夫がつくることが多いくらいである。裕福な家庭はお手伝いを雇い、そうでない家庭は年寄りに手伝ってもらう。つまり専業主婦は存在しないのである。いわゆる主婦というのは、教育を受けたことがなく、ほとんど字も読めない、愿僧の母親のような年配の女性を指して言うのだ。このような中国の社会構造は、成田には考えられないことではあろう。周りの日本人女性、義妹たち、実の妹など、家事をやらない人はいなかった。家事を嫌う私を理解できないと彼の考えるのも当然と言えた。

以前私は彼が悩みや気分を紛らわすために飲むのだと思っていたが、彼と共同生活をしてから初めて、彼が無類の酒好きで、毎晩寝るまで飲まなければいられないことが分かった。酔うと見知らぬ爺いやになり、フラフラ歩き、目が真っ赤になり、ろれつが回らなくなり声も雷のように大きくなった。深夜になってもテレビの音がうるさいので様子を見に行くと、本人は既に夢の中、口を大きく開けて酒気を放ち眠っていたこともしばしばであった。その酒の臭いに耐えられず、窓を開けながら愿僧を思い出した——思い出させられた。酒を飲まない彼はどんなに得難いか！　その時から私はアルコールを嫌いになった。ところが彼はそれが不満だった――一緒に晩酌を楽しむことを望んでいたからである。

私はついに問いただした――二十数年も働いて貯金はないのか？　彼は無頓着に答えた――母親に三百万円貯金してもらい、定期預金であるため今は出せない。満期になればすぐ引き出して結婚式に使い、残れば家計を助けるために私に渡す。不信にかられて私は彼に母親から預金証書を送ってもらうよう要求した。彼は母親に心配をかけることになるという理由で拒否したが、私は一歩も譲らなかった。ついに彼が折れ、母親に電話をかけ、預金証書のコピーを送ってもらった。それを見てひとまず安心した。彼と彼の母親がどう考えるかは関係なかった。つづいて来月から家計を管理すると宣言した。彼は反発できなかった。「よし、これから陽ちゃんの掌に握られるのだ」と言ったが、内心、今後私にコントロールされ自由を失う事を不快に思ったらしい。

三百万円が送られてきた。彼は本当に私に渡して預金させた。すでに私は自分のお金をすべて自分名義で預金していた。そうせざるを得ないと思った。家事を行ない、夜をともにし、自分のすべき事はすべてしてあげたので、彼に養ってもらうことは当たり前である。損をしたのは私のほうであるとさえ考えていた。彼の借金の肩代わりまでしたのだ。したがって私は彼のお金の中から五十万円を引き、自分の口座に入れた。

今度は彼も怒り出した。「おれの金は共同で使うのに、なぜきみは一文も出さないんだ？　二人の生活だろう？　なぜはっきり分ける必要がある？」私も負けずに、「中国人の女性はお金を出さない。あなたは女房をもらったでしょう？」彼は口走った――「おれは金がないと言ったはずだ。それでもいいと言っただろう」。互いの最も醜い面が暴露され、私たちは喧嘩になった。言い争った末、結局彼は譲り、私が持ってきた金をへそくりにしてよいと同意した。それ以来、お金のことが最も敏感な部分となり、喧嘩の争点となった。しかしいくら話しても結論は出なかった。時が経つに連れ、他の多くの問題と重なり、お金の問題は雪だるまのように次第に大きくなり、それぞれの言い分も次第に乱れ、収拾のつかないことになっていった。

彼には大いに絶望させられたが、その彼を選んだのは自分であった。ほかに選択肢もなかったため、計画通りに動くしかなかった。それぞれの利益だけで結びつき、愛はなかった。私たちは相手に対する不満と怒りをそれぞれの胸の奥に募らせていた。それぞれの目的を達成するために、これらの不満と怒りを胸に押さえ込み、いくつもの朝と夜を送らなければならなかった。しかし、暇な時、近くの公園へ日光浴に行くと、砂場で遊ぶ子供の姿があった――近舒のことを思い出した。私がここまでやってきたすべては彼女のためではないか？　彼女が目の前にいる子供たちと同様に、悩みも心配もなく毎日母親と一緒に日本の公園で遊べたら、どんなにいいだろう。これこそ私の最終目的ではないか？　公園から帰った後、私はいつも気持ちが落ち着き、成田に対してやさしくなれた。

それだけではない。共同生活を送る中、自分が外国人であることが彼に多くの不便をもたらしていることに気づいた。一般の日本人女性が知っている常識は勿論、子供でもわかることを私が知らないことさえある。彼に少しずつ手をとって教えてもらう必要が生じ、教えてもだめな時、彼は自ら処理するのであった。例えば簡単な説明書を読むこと、一般的な電話をかけること、簡単なことを他人に聞くことなど。私を連れて外を歩く度、同国人に変な目で見られることも心穏やかではなかったはずだ。親戚、友人、上司にどう見られているのかは言わずもがなであった。

また、私のビザ取得は面倒なことだった。彼は会社や市役所で資料を受け取り、自分で記入し、時には母親に田舎から資料を送ってもらったりもした。ビザの審査状況を入管へ聞きに行くなど、いずれも手間暇のかかることであり、同時に、人の顔色を覗いながら行なわなければならないのだ。日本人の奥さんをもらうならこのような問題はあり得ない。私のために、彼は重い精神的プレッシャーに耐えることを強いられていたのである。だが、それを知ったからと言って事態は好転しなかった。

ある日曜日、二人で秋葉原で買い物をしているときに、私が道端でタバコをくわえたとたん、成田が「やめろ、女らしくない」と注意した。私は耳障りに聞こえて言い返した。「かまわないで！」。些細な出来事だったが、これは家に帰ってからも尾を引き、普段の食事の準備や晩酌が余計にいまいましいことのように感じられた。私は夕食を口にせず、代わりに軽く梨でも食べようと腰掛けた。皮を剥く手に震えが走り、絶望感が涌き上がってきた。今、側にいるのが愿憎だったら、彼は果物ナイフを受け取り、梨を食べやすい大きさに切り、目の前に差し出してくれるに違いない。しかし目の前にいるこの大和男は、当たり前のような堂々とした顔をしながら、脚を伸ばし、ちびちびと酒を飲みくらっているのだ。一日働いて疲れているのならまだしも、今日は休日であり、一緒に電気製品を買いに行っただけで、ほかには何もしていなかった。疲れたのはむしろ私のほうだ。私は思わず果物ナイフを畳の上に投げ捨て、「ちくしょう！」と口走ってしまった。

成田は視線をこちらに向けた。彼はメガネの後ろから私を睨みながら怒鳴り返した。何を言ったか聴き取れなかった。或いは彼の表情に威圧されたのかもしれない——あの穏やかな成田が、これほど凶悪な表情を顔に出すとは夢にも思わなかったのである。彼が抱いていた不満、懐疑、怨みのすべてが、怒鳴り声とともに一気に解き放たれていた。

私は口をつぐんだ。内心、自分の早すぎた失態を後悔し、本当に彼を怒らせたら今までの努力が水の泡になるのではないかと心配し始めた。同時に自分を問い詰めた。日本に戻ったことは果たして正しかったのか？　成田は客、友人としては最高だったかもしれないが、夫としては別だった。これは自分が望んでいた生活ではない。しかし既に自分の家庭、故郷を捨ててここまできてしまったのだ。いまさら桂林に戻ることも、元の生活に戻ることもできなかった。

続いて、思わぬ出来事に衝撃を受けた。私は妊娠してしまったのである。将来も定まらず、日本での毎日が一触即発の状態であることを考えた私は、誰にも相談せずに中絶することに決めた。このことは成田を大いに傷つけた。彼はすでに四十二歳だった。弟や妹たちが子宝に恵まれたことを心底羨ましがっていた。結婚した以上、子孫繁栄も結婚の目的の一つである。子供はどうしても欲しかった。私が中絶を宣言した時、彼は目の前が真っ暗になり、心がすっかり冷め切ってしまったようだった。ひとりの女として、これほど安易に、迷うこともなく中絶を決心してしまうことが、彼にはどうしても理解できなかった。彼は私が精神病ではないかとさえ疑った。すぐにでも荷物を纏めて私を中国に送り帰したいと思ったようだが、思い悩んだ結果、見栄がすべてに勝った。嘆願などできなかった。淡々と「勝手にしろ。手術費はおれが出す」と言っただけであった。

私は一人で近くの産婦人科で手術を受けた。術後の弱った体で受付に費用を支払った時、成田が待合室で待っていたことに気づいた。私たちは会話もなく、会釈してこの大事件を終わらせた。病院を出て、彼はタクシーを呼び私を乗せた。車のドアが開いた瞬間、太陽の光を反射して眩しい光が目を刺した。悲しみがこみ上げ、突然、青空に向かって泣きたくなった。蒼ざめた表情の彼は、今にも泣き出しそうにみえた。あたかも手術を受けたのは彼の方だったような顔であった。まさにこの時から、私は彼を「パパ」と呼ぶのを忘れて、「あなた」と呼ぶようになったのである。

すべてが実家の家族には隠密に行なわれていた。電話では私たちは円満に暮らしている、母と兄に朗報を待っているようにと言ったほどであった。小丹でさえ真相を知らなかった。彼女が遊びに来るたび、成田は温かく歓迎してくれたため、彼こそ自分にとって理想の男であると思っていた——私の怒りっぽい性格に対し彼は落ち着き払っていた。私は感情の起伏が激しいが、彼は穏やかな人であった。性格面においては二人がちょうど良く折衷しているように見えた。まさにこの上ない良縁のカップルであると彼女は思っていた。

私が本心を打ち明けられる相手は上海の王姉さんしかいなかった。彼とやって行く自信をすっかり失っていた。仮に娘を日本に呼んでくれたとしても、一緒に暮らして行ける自信が涌いてこなかった。そこでひそかに、誰かいい相手がいないかと助けを求めた。彼女の夫の会社には、三十過ぎてまだ独身の職人がいた。見た目は百姓のようだが、酒もタバコもやらないおとなしい人で、結婚したらきっと妻思いの良い旦那になると王さんは言った。この頃になってはじめて真相を知らされた小丹とともに、王さんが紹介した職人に会いに行った。この人は身長が低く太っていて、丸っこい体に丸っこい頭をしていた。小学校くらいの教育しか受けていなかったため、口下手でやっとの思いで言葉をひねり出した。会った途端気持ち悪くなった——こんな人と一緒になるくらいなら、尼になったほうがましだ。たとえ成田には毛筋ほどの長所しかないとしても、私は目の前にいるこの人を選ばないだろうと思った。家に帰ってすぐ王さんに電話をかけ、自分の気が変わったことをお詫びした。彼女は少々不愉快そうな様子だった。

この事を私は成田に打ち明けてみた。彼の私に対する思いを呼び戻そうと賭けに出たのである。結果は、彼が初めて私の前で土下座して、大事にするからもう一度チャンスをくれ、もうほかの人を探すと言わないでくれ、と懇願するにいたった。私は嬉しくなった。この事件で彼が変わり、私を大事にするだろうと思い、目的を達成した気になった。

しかし、このことは彼が当初案じていた、私には確かに別の打算があり、彼を愛していないのだという確信を深めるにいたった。彼は私に愛想を尽かし、いいかげんな態度で接するようになった。懇願してみせたのは未練があったからではなく、ほかの如何なる男にも負けたくないという強い自尊心によるものであった。

彼は再び旧友である酒とテレビに付き合うようになった。悩み出すと彼は酒を飲み、飲めば飲むほど私に嫌われ、嫌われれば嫌われるほど彼は更に酒を頼りに悩みを打ち消すという悪循環が我が家で展開されていった。彼に言わせると、元々それほど飲める人ではなかったが、私との荒波に船を出すような生活の中で、彼は次第に飲兵衛になってしまったらしい。

すべての出来事が二ヶ月経たぬうちに、竜巻のように忽然と襲ってきたのであった。二人とも考えをまとめる暇などなかった。追い詰められれば真っ向から立ち向かい、自分の歩む道ができるよう相手にぶつかって行った。私は再び便秘、頭痛、耳鳴りに悩まされはじめた。知らず知らず黒の服を好むようになり、上から下まで黒一色であった。黒を偏愛することは、わが身を守ることであった。たとえて言えば戦士が身につけている鎧のようであり、他人の進攻を防ぐと同時に、自分も中から出られないのであった。

一方成田は、平静で落ち着く時もあれば、嵐を起こす時もあり、進むこともあれば退くこともあった。私たちは互いにけん制し合い、相手に付け入られないように身構えた。常に臨戦体制にあった。一回戦が終わるとすぐ次の戦いが待っていた。前回が次回の発端となり、とりとめのない連鎖反応を起こした。互いに極度の不信感と恐怖にあえぎながら、戦々恐々と日々を過ごした。

そんななか、成田はついに近舒を日本に呼ぶ具体的な計画を打ち出し、彼女を養女にすると決めた。このことで彼が再び私の目に輝いて見えるようになった。彼に対する感謝の情熱が再び蘇った。私が愿憎と離婚して半年の期限が過ぎると、私たちは早速、川口市役所で婚姻届を提出した。

上原社長夫婦は再び結婚の仲人の話を持ち出した。彼らは娘のことを知り、私に対する見方が少し変わったが、娘のことは結婚式とは別だという結論を出した。奥さんは異常な熱心さを示し、自ら式場を予約し、私を連れてウェディングドレスの試着までさせ、費用と来賓の人数も決めた。私は不本意ながら彼女についてまわったが、良く考えてみると、自分の知らない大勢の客、しかも全部成田の客を招待するのは面倒だし、私にとって意味のないことだと思った。したがって再婚を理由に結婚式を取り消すことにした。これを聞き成田は激昂した――「何でもっと早く言わなかった？　わざとおれに恥をかかせる気か？　みんなにどう説明すればいいんだ？　社長に会わす顔がないよ！」

社長夫人はどうしても仲人を引き受けたいと、自ら電話で私を説得しようとした。彼女は挙式の利点をあれこれ並べたてた。しかし私の決心は揺るがなかった。私は社長夫婦と成田の両方から不興をかったばかりでなく、挙式を機に祝い金を回収しようという目論見さえ潰してしまった。

一九九一年十一月十六日、彼はスーツを、私は真っ赤なチャイナドレスを装い、私たちはアパートの近くにある前川神社で二人の二回目の結婚式を挙げた。彼の弟妹も招かない二人だけの挙式であった。

市役所で外国人登録証を書き換えた時、私は苗字を〝成田〟にした。これは日本の習慣に従うことを表わすのではなく、苗字を変えたことによって、自分が夫に従い、夫について行くという気持ちを表わしたのであった。同時にある種の利害関係もある——日本人の苗字を使うことは、色々な面において便利だからである。こうして私は「成田」を名乗り、中国の両親に手紙を書く時以外、旧姓を使うことはなかった。

上原社長は度重なる私の非礼を許し、今度は会社で私たちの結婚祝賀パーティを開くことを決めた。しかし私はどういう心理か（今考えても理解に苦しむ）それさえも断ってしまったのである。面倒くさかったのかもしれないが、そういう場面で恥をかくことを恐れていたのかもしれない。日本の礼儀やしきたりについて全く心得ていなかったのである。成田はいつもああしろこうしろと要求していたが、根気良くきちんと教えたことは一度もなかった。結局、会社での祝賀パーティも取り消され、同時に彼も今後一切私を人に紹介しないことを心に決めた。今日に至るまで、彼は同僚や友人を接待する席に、私を参加させたことはない。

これらの連続した出来事に、成田の私への不満は憤懣へと変わった。しばしば耐えきれずに握り拳を見せたこともある。私の方は、自分なりの理由に納得し、何も気にすることなく、堂々と自分の生活に没頭していた。こうなるのは彼にも一因があった。彼は頭の中で考えていることと、顔に出す表情におおきな違いがあったのだ。心の中に怒りの炎が燃え盛っているのなら、それを口にすればよいのである。しかし彼は決してそうしなかった。したがって私には彼の心の内が見えず、見る気にもなれなかったのである。

成田が会社に直通で行くためと、そして前の結婚生活から完全に抜け出すために、私たちは川口から浦和市の田島地区にある築七年の中古アパートに引っ越した。間取りが2DKで二階にあった。道路に面していて道路側には窓があり、眼下には駐車場があった。

新しい家の壁には、私と成田の肖像画を掛けた。絵の中の私は依然微笑んでいたが、少し成熟し重みがあるように見えた。私のものを見る目が成長し重みができたからかもしれない。これと対照に、日差しが明るい神社で撮った結婚記念撮影、私が描いた近釪のデッサン三枚がそれぞれ別の壁に掛けられていた。

正月がやってきた。私たちは神社へ詣でて、長い行列に並びお参りして祈った。彼が何を祈ったのか知る由もないが、私は娘が一日も早く来日できるように心をこめて祈った。それから私たちは新しい年に夫婦円満、家内安全の意をこめて守護神のお札を買い求めた。

しかし正月三日、激しい言い争いが勃発したのである。

私たちは一日の日に、東京にいる彼の二人の弟とその家族を自宅に招いた。結婚式の替わりに、新婚の挨拶として食事に招待することにしたのである。これは私の初めてのおもてなしであった。親戚になった人たちを懸命にもてなし、良い印象を与え、私に満足してもらいたいと思っていた。正月前からメニューを考え、材料や下準備を始めた。当日は夜中の三時に起床し、客をもてなし、見送り、夜の九時まで休む暇もなく動き回った。成田は最初から最後まで食べて飲んで会話を楽しんだが、皿も運ばず箸も出さなかった。さらに、長男を意識してか、彼は弟や義妹の前で見栄を張り、普段よりもさらに上回った傲慢な態度をみせた。彼の九人の親戚は満足そうに〝中華料理を〟堪能し、嬉々として残り物を持ち帰った。私は箸を持つ力もないほど疲れ果てた。

二日の日は、彼の部下たちがやってきた。準備から料理まで依然私ひとりがこなし、彼は酒を飲みながら応対しただけだった。来客が多かったため、テーブルは二つに分かれた。彼らが帰った後の片づけも一人でやらなければならなかった。卓の上、レンジの周り、流しの中、至るところひどく散らかっていた。

疲れが限界に達していた。これまでにない心身の疲労を感じ、このまま倒れ込んでしまいたい気持ちであった。部下たちが帰った後、彼は食事を温めて持って来るよう言った。

私は怒りを抑えて食事を彼の前に運んだ。彼はあぐらをかいてテレビを見ながら、さらに唐辛子を持って来るよう指示した。唐辛子は彼のすぐ側にあり、手を伸ばせば届く距離であった。その時私は流しの前にたち食器を洗っていたので、ついに我慢できずに「手はないの？　自分でやってよ」と口走った。

彼は怒った。顔をしかめてなにやら怒鳴った。私は疲れのあまりに悲しくなったが、彼をどうすることもできなかった。そこで彼の最も弱いところを一撃した――「明日村山さんの家に行かないから、一人で行って」

村山さんは彼の大学時代の同級生で同じ九州出身であり、私たちの婚姻保証人でもあった。成田の一回目の結婚も彼が保証人になった。そして私たちがアパートを借りたときも保証人になってもらい、いずれ近舒を養女にする時も保証人を彼に頼むつもりでいた。成田にとって彼は友人であり恩人でもあったのである。明日彼を訪ねる予定で、彼も奥さんとともに準備して待っていたはずであった。私が行かないといった途端、成田はすぐに態度を和らげた。恥をかかさないでほしい、明日私が行かなかったら、これからもうこの旧い友人に顔向けできないと、穏やかな口調で懇願したのである。私は気分が少し落ち着いてきて、一緒に行くことに同意した。

翌日、村山家へ向かう電車の中で、彼と一緒に座るのが嫌だったので、わざと彼と違う車両に乗りこんだ。彼は私のいる車両に乗り込んだが、私はすぐに別の車両に移動した。私たちは鬼ごっこのようなことをしながら村山家に着いた。

村山家に入ってからも、私は黙り込んだまま彼らが挨拶を交わすのを聞いていた。自己紹介をすることも拒否したため、成田は仕方なく私の代わりに紹介した。奥さんが手作りの料理を運んできたが、私はそれも一口しか口にしなかった。村山さんは、もっと新妻にやさしくし、外国人だから不便と感じるところも多く、もっと私の立場を考えるよう成田に説教して聞かせた。そして私のことを、聡明で、頭の回転が速いと誉めた。誉められると私は嬉しくなった。帰りも足早に彼の前を歩き、一本早い電車に乗り込み、一足先に家に着いたのである。

私は部屋に入り昨日残した大根の漬物を食べていた。続いて彼も帰ってきて、グラスに酒を注ぎながら、なぜ自分を待たないのかと問い詰めた。さらに「このバカ、村山さんに誉められたからっていい気になるな！　日本人の言葉にはお世辞が多い、分からないのか？」と言った。私が感電したかのように立ち上がった途端、言い返す暇もなく突然彼に平手打ちされた。呆然とした。彼の一撃はそれほど強くなかった。ただ彼が私に手を出したことに衝撃を受けた。生まれてこのかた、両親を除けば、文革中でさえ私を殴る人はいなかった。私は奇声を上げ「殴ったな――」と言いながら彼に向かって殴り返した。

その後のことはまるで夢のようだった。私たちは互いに罵り合い、手足総出に殴る蹴るの戦いを繰り広げ、三ヶ月間たまっていた怨みと憎しみをぶつけあった。当然私は彼の相手ではなく、ついにレンジ台がある隅まで追いやられた。追い詰められた私はレンジ台の下にある包丁を取り出し彼に向けた。彼は必死に私の手首を掴み包丁を奪い、手の届かない高い所に置いた。私は椅子や灰皿を持って彼に投げつけたが、すべて外れたのを見ると、鋏を手に取りテーブルクロスを切り始めた。このテーブルクロスは私が選んで買ったものだった。私はまるで自分が抱いていた夢、浪費した感情を切るかのように細かく切り刻んでいった。遺憾の思いも悔いもなかった。度胸をつけるため、彼の一升瓶の日本酒を取り、一気に半分も飲み込んだ。突然のアルコールが激しく意識を圧した——私はついに発狂したのである。長い間の不平不満、屈辱に耐えて来たことが走馬灯のように目の前に現われた。もはや忍耐と苦しみの限界に達し、ついに脳のたががはずれた。嗚咽しながら彼が中国に送った手紙を探しだし、二ヶ月もかけて完成させた絵を壁から外し、それらをコンロの上に置き燃やしはじめた。炎が燃え盛ると、彼は吃驚して「火事だ、火事だ！」と大声で叫びながら私を火の側から押しのけようとしたが、動こうとしないため、彼は凄い勢いで二発ビンタし、さらに足でごみ箱のところまで私を蹴飛ばした。

私は嘔吐し始め、それが六時間も続いた。その間私は壁に、箪笥に頭をぶつけながら、独り言を言いつづけた。涙は濁った液体になり瞼に貼りついて、目の前にあるすべてのものがはっきり見えなくなった。声が完全につぶれていたにもかかわらず、大声で喋りつづけた。ある時は母に、またある時は娘に話しかけていた。彼女たちの顔が交互に目の前に現われ、私は先にどちらに訴えればいいか分からず焦っていた。意識が朦朧とした中、誰かの手が首を叩き、濡れたタオルで額を拭いているのを感じた。その人は洗面器を持ってきて私の嘔吐した汚物を受け取っていた。その手には黒々とした毛が生えていた。私は忽ち我に返り、この手を押しのけ、極端に興奮して立ち上がり、壁に沿って走り出し、叫びながら跳ねた。彼に掴まれると私は必死に抵抗しながら桂林語で罵った……「この野郎——クソッタレ！　クソッタレ！」

これほどまでの大事になってしまうとは、私にも、彼にも予想できなかった。彼のビンタは一つのテストで、ビンタされた私の反応を見るためであり、同時に彼の怒りの発露でもあった。この三ヶ月間の私の行為は、彼をこのような行為に追い込むに十分なものであった。私は彼の気持ちをまったく考えていなかった。この事件が発生したのは偶然であったかもしれないが、必然的なことでもあった。

彼は事態の悪化を恐れ、深夜だったにもかかわらず小丹を電話で呼び出した。私はわけが分からなくなっていたが、強気で受話器を握り締め、彼の下の弟夫婦も呼んでくるように要求した。彼の下の弟は村山さん以外のもう一人の保証人であったからだ。

成田は集まった全員に経緯を説明し、私を殴ったことを謝り、今後このようなことはもう起こさないと誓った。弟は彼と同じ気持ちで私に冷静になるよう説得した。義妹は私と二人だけで話したいと、彼らに部屋を出るよう頼んだ。彼女は看護婦の仕事をしており、共働きをしながら家事もこなしていた。三年前に彼女も夫にビンタされたことがある。当時彼女の味方をしたのがほかならぬ一夫兄さんであった。九州の母親にも同じような経歴があるとも話した。日本では奥さんに手を出すことが少なくなってはいるが、依然として存在している。殴られて実家に帰る奥さんもいれば、旦那の更なる暴力を恐れて泣くことさえできない奥さんもいるのだと言った。

「お義兄さんはいい人だよ。娘さんを日本に呼ぶことは大変なことですから」彼女は成田が払ってくれた犠牲を強調した。そして自分も夫婦関係で色々と悩んだことがあるが、最終的には家庭が大事だという結論に落ち着いたと話した。「紙一枚で離婚できるから、簡単ですよ。しかしそれで夫婦が別人になってしまうのは悲しいことですよ」と言った。

小丹はその場では成田を責めたが、陰では私のいけないところも指摘した。親友の前で恥をかかされては、中国人でも怒るだろうと。私を反面教師に、彼女はかつて自分の日本人と結婚したいという考えが間違いだと判断し、決して日本人と結婚しないと決心したようだ。現在に至っても、彼女は依然独身のままで、日本人と付き合う多くの機会に背を向けつづけている。

この事件は当然ながら尾を引いた。調停者たちが帰った後、私はクロゼットを開け、成田のセーター、背広、コートに水をかけてまわった。殴り合いでは彼に勝てないが、別の方法で私が弱虫でないことを彼に思い知らせるのだ。一日で彼は一気に老けた。ひげ面で皺だらけであった。私の目を見ることもしなかった。

木曜日、雨が降っていた——今まで見てきた中で最も悲しくて寂しい雨であった。降りつづく雨は忘却のかなたに追いやったはずの男を思い出させた。愿憎との別れを痛恨し始めたのである。彼はどれほど良い夫であったか。長年どれほど私に忠実であったか！　彼は私に指一本触れたことはなく、言葉で傷つけたことさえなかった。私は彼の絶対服従に溺れ、彼の尊さを感じることが出来ずにいたのだ。

すべてが終わった——私は二人の印鑑を取り出し、市役所に離婚届を出そうと思った。離婚届はすでに記入済みであった。市役所に婚姻届を出した時に、万が一に備えて密かに一枚を持ち出していたが、まさか本当に出番が来るとは思わなかった。彼はいつもどおりに出社し、すべてを私に一任した。離婚後のことは何一つ考えていなかった。私はできるだけ早くこの家を出たかったのである。

突然、王さんにも一言言った方が良いと思い、電話をかけた。王さんは仰天したらしかった。「あら、結婚したばかりでもう離婚なの？　あなた病気か？　だめだめ」。彼女は「今からそっちへ行くから、ちょっと待って」と言った。

一時間後、王さんは傘をさしてやってきた。部屋に入ると座る暇もなく、私がバカなことをしたと繰り返し、「ここまで苦労してきたのに、娘が来る前に行ってしまうのか、今までの苦労は無駄になるじゃないの？　桂林に帰れるの？　人の噂に殺されてしまうわ。」

私は成田の亭主関白について話した。彼女は自分の夫も同じだ、会社では社長であり、家に帰ってからも社長気取りで、目の前にあるものにさえ手を伸ばしたことがないと言った。しかし彼女は夫に何か手伝ってもらおうと思っていない。「しようがないじゃない、社長だもの。結婚したということは、彼が私に手伝ってもらい、私は彼に養ってもらうということだ。だから日本人は夫を〝主人〟、妻を〝奥様〟と呼ぶ。私たちは家庭の中にいる人間なんだよ」と彼女は言った。「彼は家族のために苦労して一生懸命に働いているだけでもたいしたもんだ。命がけだよ。中国人男性は同じことができるかどうか分からないよ。女遊びせず贅沢三昧しなければ優秀な夫だと思う。私たちが家事をやるのは当たり前ではないか」と王さんは言った。

さらに私の要領が悪いと指摘した。「やるべき事をやってあげたのに、彼に感謝されるよう頭を使わなければだめでしょう。私があなたと同じようなことをしたら、とっくに殴られていたよ。中国の夫婦関係は互いのことを気にかけて、相手を労わるものだけど、日本人の家庭は、男が金を稼ぎ女が家を守る、私たちのとは全く違うのだから」

彼女は息子のことも話してくれた。「夫はいい人だよ。息子が喘息持ちなもんだから、毎日病院に連れて行ってくれるし、早く日本語を覚えたほうがいいと、わざわざ塾にも通わせている。すべてお金のかかることでしょう。中国人の旦那がここまでしてくれるか？私はもう感謝の気持ちでいっぱいなんだ。亭主関白なんて関係ない。私たちは連れ子がいるのよ、もしお宅の主人に連れ子がいたら、あなた、受け入れられる？」

受け入れられるわけがなかった。立場が逆だとしたら、私は百パーセント彼の子を受け入れられないだろう。いうまでもない話だ。実の子でない娘を受け入れてくれたことは、彼が私より寛容であると言わざるを得ない。彼の欠点はほとんど生活習慣的なものであり、人格や道徳面のものではないのだ。離婚後十年間も一人で暮してきたため、自由気ままな生活が身に染み込んでいる。女性に傲慢な態度を示すのも、一種の社会通念であり、彼の周りにいる上司部下、親戚友人、みんなそうであるからこそ、彼もこのようになったのである。

王さんはさらにもうひとつの考えを示した。「どうしても彼に不満があるなら、ただ利用すればいいでしょう。娘のビザのために彼に仕えているとわりきって考えればいいでしょう。すでに大きな犠牲を払ったのだから、手ぶらで帰るわけにはいかないよ。良く考えてごらん、こんな割りのいいアルバイトはないよ。上海人が日本行きのビザを買おうとしたら幾らかかると思う？　二百万円よ。」

彼女はもう夕飯をつくる時間だと言って立ち上がった。部屋を出ると、まだ雨が降っていた。私は彼女を駅まで送り、傘をさして家路に向かった。突然、道行く人がみな、悠々と歩いているのに気づいた。みんな傘をたたんで持っていたのである。いつの間にか雨が上がっていた。夕日が黄金色に輝き、露が水蒸気になって蒸発していた。周りにいる人々は、私がまだ傘を差していることに不思議そうな視線を投げかけていた。

家に帰って窓を開けようとしたら、足元にある座布団に気づいた――成田は四夜もここで寝ていたのである。私は突然懺悔の気持ちに襲われた。成田との記憶の奥にあるいい思い出が蘇り、胸がいっぱいになった。嫌悪感が消え、彼が私に払った犠牲しか見えなくなった。彼は常に忍耐を心がけ、必要がない限り爆発しないように自分を抑えていた。ここまで耐えたからこそ彼はついに我慢の限界を超え爆発したのだと思った。当たり前であった。私はただ彼を誘惑し、欺き、利用することしか考えていなかったのだ。

夜九時、成田が外で食事を済ませて帰宅した。無精ひげがまばらに生え、白髪も目立っていた。私は積極的に彼に声をかけ、すすんでお茶を入れてテーブルに置いた。事態がこれほど劇的に変わるとは夢にも思わなかったらしい。彼は意外な展開に呆気に取られた様子だった。彼もすでに別れを覚悟していたらしい。しかし、私の仲直りに向けての積極的な取り組みに感動したようだ。すぐに別れる決意を翻した。誠意をもって私に手を出したことについて謝り、手を出した直後にすでに後悔していたと強調した。火事になりそうになったことや、彼が私を蹴飛ばしたことは、このとき初めて聞かされた。そんなことがあったとは、興奮して理性と記憶力を失っていた私は全く知らなかった。

私たちは互いに腹を割って話し合った。ふたりとも自分と相手に言い訳を探して助け舟を出し合った。私たちは運命の最低点に来てしまっていたが、もう一度やり直そうと心を決めた。ふたりともこれまでにすでに大きな代償を払いつづけてきたのだ。もう一度払っても大したことがないと開き直ったのである。

七　娘を日本へ呼ぶ

朝の風が温かく感じられるようになり、木々にも新緑が芽生え、再び春がやってきた。私たちは近舒の来日手続きに取り掛かった。成田が日本人でなければできない部門を担当し、私は外国人でもできることをやっていた。外務省、浦和地方公証所、中国大使館などにたびたび出頭し、数多くの書類を書き、記入ミスの書類を何度も書き直された過程を経て、王さんの息子よりも早いスピードで娘のビザを手に入れた。

これには愿僧の桂林側での協力が欠かせなかった。私が電話で指示した通りに、彼は真面目に動いていた。桂林で娘のパスポートを取得し、彼女を連れて広州の日本領事館に赴きビザを受領し、最後に上海に送ることまで約束した。里帰りのために帰国する予定の小丹が、近舒を日本に連れてくることになっていた。私は責任の重たさを感じ、娘を幸せにできなかったら、愿僧にも申し訳が立たないと思った。

成田は近舒と会話ができるように再び桂林語を習いはじめた。しかし思ったとおり途中であきらめた。彼には根性もなかったが、時間的余裕もなかったのである。結局〝何がほしい〟、〝何して遊ぶ〟、〝何か食べる〟の三つしか覚えられなかった。ところがほしいものを言われたとしても分からないため、まったく無用な言葉ばかり覚えたわけである。当時、彼の小遣いは月五万円で、私が決めた日に分割で渡していた。彼は一度に全額を要求することもできず、私も一度に全額をあげることが怖かった。金銭面において私たちはようやく意見が合うようになり、長い間言い争いはなくなっていた。

一九九二年四月一日、近舒は父親と小丹叔母と一緒に桂林から上海へ飛び立った。翌日、父親が桂林に戻り、彼女と叔母の二人で東京へ飛んできた。

その日、私は夜明け前に起床し、顔を洗って化粧を施した。成田も早起きし、鬚を剃り、ネクタイを締め、一番良いスーツを着た。長い時間をかけて念入りに鬚を剃ったため、二ヶ所から血が滲んでいた。ネクタイも何度も締め直し、まるでこれから会いに行くのは四歳半の幼女ではなく、どこかの重要人物であるかのように緊張していた。

近舒が小さな足取りで周りをキョロキョロしながら成田空港の出口に現れた瞬間、私は涙が溢れた——夢のようだった。願いが叶い、本当に娘と日本で再会できたのだ！　彼女は分厚いコーデュロイのワンピースを装い、髪を短く切り、田舎の子どもらしくわんぱくそうな表情をしていた。彼女はあれからさらに丸く太っていて、あごもみえなかった。すぐにでも彼女に自分の思いを語りたかったが、言葉にならずただ彼女をきつく抱きしめた。

彼女は嫌がって、顔がつぶれるよと言って私を押しのけようとした。

　ママの隣に男の人がいることに気づき、彼女はすぐ「この人だれ？」と聞いた。私は〝オトウサン〟と呼ぶように言ったが、〝オトウサン〟はどういう意味だと聞かれた。彼女が大勢の前で成田に恥をかかせるのを恐れて私は説明しようとせず、ただ「オトウサンと呼びなさい、はやく」と繰り返した。彼女は何か分かったようで、わざと日本語ができないような顔をして、いくら催促されても口を開かなくなった。

　私はたちまち気が重くなった。成田の問題はほぼ解決したが、娘の問題は始まったばかりだった。彼女は既に物心がついており、分かるようで分からない年頃であった。それにもともと私と距離があり、成田との距離はさらに計り知れない。成田が気まずそうに手を擦りながら小丹と挨拶を交わし、私たち親子をちらっと盗み見するのを見て、必ず近舒と彼を仲良しにしようと心に誓った。しかし浦和に帰る車中、私は考え込んでしまった。まず私と親しくなってからでないと、近舒は養父に親近感を示さないだろう。それにはまず愿僧のイメージを薄れさせねばならない。かといって愿僧のことをすっかり忘れさせるような親不孝もさせたくなかった。問題は矛盾を孕み、ことは思った以上に難題であった。

　成田がどのような心境でいるのかは分からなかった。目に見えるのは彼が近舒に気に入ってもらおうと四苦八苦する様子であった。彼は親切に彼女に話しかけ、赤信号で車が止まるたびに、振り向いて機械的に彼女の頭を撫でていた。動きのすべてが演技されたもので、極端に不自然に見えた。殊に彼のような大男がこのような動作をすることは、見るに耐えない不様なものであった。

小丹とともに浦和に帰った途端、近舒は「ここがママの家なの」と言い出した。まるでママの家と自分の家が全く別のものであるかのような口調だった。しかし結局彼女は好奇心旺盛な子供であり、次第に固い契りを結んだ三人の大人に意志をくずされ、やがて成田とも親しくなり、画用紙に絵を描いて彼に見せると言うようになった。

私は先に父親に電話をかけるよう彼女に言った。受話器から愿僧の遥かな声が聞こえてきた――「ママの言うことを聞くんだぞ」。続いて〝オトウサン〟のいうことも聞くのだと彼女に言いつけるのが聞こえた。私が近舒に代わり受話器を受け取った時、彼はいつもの甲高い声で、はやく、〝オトウサン〟と仲良くするように近舒を躾けるのだ、と言った。「そうなればきみも暮らしやすいだろう。娘はきみに任せたよ。元気で」彼の穏やかな温かい声を聞き、私は懐かしさ、申し訳なさ、心の痛さとわずかな悔しさで胸がいっぱいになった――やはり彼が一番私を大事にする人だ。それなのに私は彼にどれほどすまないことをしたのか！　愿僧はさらに付け加えた。「お金に余裕があればなるべく近舒に電話させてくれ。なければ仕方ない」私は承諾したが、その約束を守ることはできなかった。電話代が高いのも理由の一つだが、ほとんどが成田への配慮であった。昼間彼がいない時間帯ならかけられるが、料金が高く、夜の安い時間帯になると彼が帰宅して、私と近舒が受話器を取るとすぐに、彼の表情は硬くなるのであった。私は彼にも、自分自身にも気まずい思いをさせたくなかった。

十一時に小丹が帰り、部屋に私たち三人となった。近舒は眠くなると情緒が変化し、パパがいいと言いはじめた。昨日の夜まで彼女は空港ホテルでパパと同じベッドで眠っていた。税関に入った時、パパが涙を流していたのを遠くから見ていたのである。

成田は落ち着かず部屋を行ったり来たりしていた。その慌てた様子がさらに私の気持ちを乱した。それまで二人の間にあったわだかまりは霧散し、近舒をどうするかという共通の問題点へと互いの意向が合致した。娘は「パパ」と呟きながら眠りついた。顔には涙の跡が残っていた。通訳は必要なかった。成田は「世界中パパの発音は同じだから、これくらい分かるよ」と言った。私は娘の寝顔を眺めながら考えた。私と成田との矛盾の渦に巻き込まれ、彼女は罪のない犠牲者になった。正しいか否か、長い時を経てからでないと結論は出ない。その時彼女は、自分にこんな運命をもたらした私を恨みとがめるだろうか。しかし結論が出るまでに、私たちは苦難の多い長い道程を歩まなければならないのである。

問題のひとつは言葉であった。何がそうさせるのか、成田は疑い深い男になった。近舒が口を開けば彼は忽ち警戒し、目を大きく見開き、彼女が桂林語で自分の悪口を言っているのではないかと用心した。彼女が何か話すとすぐに彼に通訳し、彼女が言っていることは彼とは無関係だと釈明せねば、すぐに疑心暗鬼に陥るのである。もちろん彼のことを言ったとしてもそうではないとごまかした。時々私は娘がいっそのこと何も喋らなければいい、と思うことさえあった。彼女が口を開くたびに誤解を招いてしまうからであった。喋らないことは不可能だ。四歳の近舒は新しい場所に来たばかりで、すべてが見知らぬもので新鮮だった。私が彼女に教えなければならないものも多かった。桂林語以外の言葉は通じなかった――彼女は桂林語しか分からないからだ。

やがてひとつの意識が生まれた。この意識は、私が初めて日本で結婚すると考えた時にすでに芽生え始めていた――近舒は邪魔者だ。彼女は先ず私の離婚の障害物となり、次に家庭生活に不安を与えた。これからも私を苦しめつづけるであろう――私はわが娘を恨むようになった。機嫌が悪い時いつも彼女をはけ口にした。些細なことで彼女を罵倒し、叩いた。彼女と無関係の事でも彼女のせいにして罵った。彼女が無力で弱く、反抗の術がないため、怒声は留まるところを知らなかった。自分自身にもこのような心理が理解できず、私は自分という人間が恐ろしかった。

近舒と成田は親しくなったり離れたりの繰り返しであった。近舒は機嫌のいい時は彼と遊び、悪い時は家——桂林の祖母の家に帰りたいとわめくのであった。朝起きて、成田がカバンを持って外へ出るのを見て、何しに行くのだと追及した。私は彼が営業マンで、いつもカバンを持って外を歩き回るのだと教えたら、彼女はそれを〝物を売る〟と理解し、成田のことを〝物売り〟と呼ぶようになった。

しばらく経って、彼女は新しいあだ名〝白髪〟を彼につけた。成田に意味をたずねられたが、私は通訳するのを躊躇《ためら》った。すると近舒は自ら指を差して説明し、成田はすぐにこの侮辱的なあだ名の意味を理解した。私が側で近舒に言わないよう一生懸命目配せしていたため、成田はこのあだ名を教えたのは私だと思ったらしい。かつて私が彼の白髪を笑ったことがあったからだ。もちろん彼は自分の懐疑を直接言葉には出さなかったし、私も彼に疑われたことを知らぬ振りをした。もちろん近舒のせいではないが、結果的にこれが私たちの間に隔たりをつくってしまった。

上原夫人は近舒が来る前から彼女に日本名を考えてくれていた。〝さ乃子〟であった。成田が厳粛に彼女の意志を私に伝えた時、私は再び彼らを裏切り〝さ代子〟という名前に決めた。成田はいささか不快がったが、私の子供なので、彼もそれ以上口出しできなかった。本人は、他人に何と呼ばれようと全く気にしなかった。日本語となると全く理解できず、自分から話そうともしなかった。名前を呼ばれると、いつもキョトンとした表情を返した。

母性愛を欠いたため、彼女は普通の女の子と違った特徴が多く、性格も多重性を帯びていた。父親の温厚さ、のんびりとした特徴を引き継ぎながら、私のわがまま、頑固と傲慢も引き継いでいる。しかも私たちの極端な一面を継承したため、彼女を複雑でありながら単純な者にしてしまい、極めて躾けにくかった。しばしば彼女の問題を愿僧と相談できたらと考えたが、私たちにはそのような機会が一度もなかった。近舒の哀れな部分もここにあった。彼女には両親揃っての指導というものを経験したことがなく、両親がともに共同の目標に向けて努力する姿を見たことがなかった。彼女が生後九ヶ月から四歳半までの長い歳月、私はずっと彼女の側にいなかった。私は彼女の成長過程を見てきたわけではないので、彼女の〝症状〟にどんな〝薬〟を処方したら良いか分からなかった。

友達も、遊び慣れた環境も、聞き慣れた言葉もないため、彼女は起床してすぐに「ママ、つまらない」と言った。明らかに毎日退屈していた。同時に体にも異変が起きはじめた。両の目が常に中央に寄っており、白目のなかに三つの褐色の斑点ができた。そして夕方になると皮膚が赤く腫れ、瞼から踵まで面積が広がった。掻けば掻くほど痒くなり、彼女はいつも苦しんで泣き喚いた。深夜にはしばしば咳が出て熱を出した。私は彼女を病院に連れて行き、数多くの検査を受けた。眼科では、彼女が先天性の〝乱視〟と〝斜視〟を患っていると言われ、内科では、咳と熱が彼女の弱い体質に由来すると言われ、皮膚科では、彼女の特殊な体質が食物、気候、環境などの変化により、それぞれ程度の違う皮膚アレルギーを引き起こしている、と言われた。

一ヶ月近くの間、私と成田は交代で彼女の看病をしていた。夜中になると近舒は咳が止まらず熱を出し、さらに皮膚のアレルギーも加わり、彼女は「痒い、痒い」と訴えるのであった。私たちは彼女に薬を飲ませたり、冷たいタオルや氷で額と首を冷やしたり、体に薬を塗ったり、彼女を寝かしつけたりした。夜通しの看病は私よりも成田のほうが負担が大きかった。仕事を休むこともできず、しばしば寝過ごしてたびたび遅刻した。

五月になってから、近舒は次第に回復し、情緒も安定してきた。養女の手続きも終わりに近づき、八日の日に、正式に〝養子縁組〟の手続きを行ない、近舒は成田の養女となった。続いて新たな問題が発生した。

娘が来る前、私は近所付き合いをほとんどしていなかった。顔を合わせると互いに会釈する程度で、誰が何号室に住んでいるかほとんど分からなかった。娘が来た今、当然遊び相手になるのは先ず同じアパートに住む子供であった。私は近所付き合いを始めた。

私たちの下に住んでいるのは娘が二人いる小野さんであった。上の娘さんが小学校四年生で、名を愛子といった。彼女はこのアパートにいる子供のリーダーであった。子供たちが集まると必ず彼女が仕切った。彼女は背が一番高く、年も一番年上だったからである。

私はまず小野夫人に声をかけ、おやつを子供たちにあげたり、彼女本人にもプレゼントを贈ったりした。そして積極的にさ代子の身の上話や今の養父のことを話し、私の家庭への同情と尊重を喚起しようと考えた。もちろん私自身も寂しさと苦悩を誰かに訴えたい気持ちがあった。しかしこのことが自分の落とし穴をつくってしまうことになるとは夢にも思わなかった。噂はあっという間に広がり、アパートの奥さんたち全員が異様な視線で私たち一家を見るようになったのである。目が合うと挨拶もせずに結婚生活や娘がどうやって日本に来たのか、旦那がどうして納得したのかについて不躾けに聞いてきた。子供たちはさ代子を名前で呼ぶことをしなかった。彼女の呼び名は〝中国人〟になり、娘は〝チュウゴクジン〟という日本語の意味が分からないが、そこには嘲笑が含まれていたことを敏感に感づいた。しばしば目を赤くして家に逃げ込むようになった。

外に出るのが怖くなると、さ代子はいつも窓から羨ましそうに駐車場を眺めていた。声がすると遊びに行きたくなるのだ。子供の本性だった。毎日のように子供が群がって遊び、お母さんたちが集まってお喋りをしていた。私は娘の姿を見るのが辛くなり、窓から身を乗り出すと危険だと言い訳して窓を閉めた。代わりに私はテレビをつけて彼女に見せることにした。すると何時間もテレビの前を離れようとしなくなり、彼女の寄り目がさらにひどくなり、視力も著しく低下した。私は努力した。アパートの皆にへつらうようになり、彼女たちが娘を平等に扱ってくれることを期待しながら、誰に会っても遠くから頭を下げてお辞儀した。さらに皆の家を訪ねて、理由もなく、好きか嫌いかも聞かずに贈り物をしてみた。小野さんに対してさらに腰が低くなり、彼女を見かけるとすぐに声をかけるようにした。しかし彼女はますます私を蔑視するようになった。日本では子供が一緒に遊ぶとき、お母さんたちは側でお喋りをしながら互いに子供を見守るのが一般的であったが、さ代子が加わった時はみな、まるでそこにいないかのように彼女の存在を無視していた。

つづいて小野さんは頻繁に私の部屋のドアを叩き、さ代子の走り回る音がうるさくて下の娘が眠れないと文句を言いはじめた。アパートは古く床も防音でなかったため、彼女の言い分が正しいと思い、さ代子に走り回ることを禁止した。走るたびに私に叩かれ、さ代子はもはや我慢の限界に達していた。私の監視が少しでも緩むと彼女は再び走り回り、しかも反抗的にわざと大きな音を立てて走った。その結果、階下の奥さんはまたやってきて、顰めた顔で私に説教した。彼女がかなり早口で日本語を話していたため、内容の多くは聴き取れなかった。それでも今後は気をつけると一方的に謝った。彼女の怒りを和らげるため、私は彼女の前でさ代子を叩いて見せたほどであった。

またある日の午後、さ代子は興奮しながら外から帰ってきて、愛子お姉ちゃんに見せるといって、玩具を持ち出すと飛ぶように走り去った。しばらくして下から彼女の泣き声が聞こえてきた。窓から見下ろすと、同じマンションの子供数人が彼女と離れたところで、嘲笑っていた。愛子にいたっては腰が曲がるほど大笑いしていた。さ代子は一人で玩具を抱えて塀の下で小さくなり、三つ編みを揺るがして泣いていた。側にいた子供の母親たちは何事もなかったかのようにお喋りをしていた。私は血が騒ぐのを感じ、厳しい顔つきで下に降りて行き、娘の髪の毛を掴み、米袋を引っ張るかのように彼女を上へ引きずり上げた。そして音を立ててドアを閉めた。

さ代子を抱きしめた。涙が噴きこぼれた。彼女も私に抱きついて泣いていた。彼女と私の前に、越えることのできない差別の壁があることを思い知らされた。人間の悪の一面をはっきりと見せられた。日本人女性は想像していたように善良ではなかった。逆に彼女たちの一部は中国人女性より遥かに冷たく無感情であった。以来、私は娘の出自を他人に話さなくなった。今日に至って、彼女が中国人であり、四歳半で養女になったことを知る人はいなくなった。

成田はこの事件を聞くなり、怒りに駆られて愛子に事情を聞いてくると言った。私は彼を阻止した。全てがその小娘の責任ではなかった。彼女の考えは父母に教え込まれたものであり、そして社会的な外国人に対する差別と偏見が彼女にそうさせたのである。彼女は中国が地球のどこにあるかも知らないだろう。私たちは小野家とは口も利かず一切付き合わないことにした。成田は小野家の誰に会っても怒りの表情を示し、二人の子供を見ると睨みつけた。愛子は成田を見ると逃げ出してしまうほど怖がるようになった。

彼はさ代子を愛し、彼女が時々無礼な態度を示していたにもかかわらず、彼女の孤独を哀れに思っていた。彼は父親の愛情をもって娘の傷ついた心を慰めようと努力したが、心を通い合せる方途がなかった。言葉の問題もあったが、彼は育児の経験も心の準備もなしに突然父親にされてしまったのである。彼が彼女に嘆き、自分自身にも嘆いたことがあった。それを見た私は衝動的に彼に抱きついて泣き出した。彼は歯を食い縛って私の頭を軽く叩き、何も言わなかった。

ある日曜日、夕食後彼はパンツ一枚で外に出てタバコを吸い、私は風呂に入っていた。彼は部屋に戻ろうとした時ドアが閉められた——さ代子が中から鍵を閉め、彼とふざけようとしたのである。彼はうろたえてドアを叩き続けたが、さ代子は開けようとせず、「白髪、白髪」と言ってからかった。ドアを叩く音が浴室に伝わり、私は地震かと思い、バスタオルをまとって走り出しドアを開けた。彼は入った途端さ代子の尻を二発叩き、「何てやつだ、育てても意味がないよ」と気狂いのように叫んだ。さ代子は驚き、恐怖のあまり私の後ろに身を隠し、尻を撫でながら泣きわめいた。

私は再び彼女と一緒に泣いた。彼女がいけなかったと分かっているが、成田が彼女を叩いたことは別問題であった。私はわが子を泣き喚くほど叩くことができても、他人には指一本触れさせない。彼女は私の子であり、いかなる者も彼女を傷つけてはならないのだ。私が娘と抱き合って泣いているのを見て、成田は夢から目を覚ましたように、傷つけようとしたのではなかった、こんなことになるとは思わなかったと釈明した。普段私がしょっちゅう凶暴に子供を怒っているため、さ代子を叩いても私は気にしないと彼は思っていたようであった。彼はさ代子を側に引き、彼女のスカートをめくって尻を撫でながら、「ごめん、オトウサンが悪かった」と謝り、今後決して叩かないと誓った。

以来、さ代子はふざけなくなった。同時に彼と距離をおいた。彼を見ると本能的に立ち上がり、両手を背後に添えた。彼に声をかけることもしなくなった。私の心は日を追うごとに少しずつ沈んでいった。そこで成田は『叱る親、叱らない親』という本を買ってきて、自分が読み終えてから私にも読むよう薦めた。子供の教育に関して、私たちは二人とも門外漢であったため、彼は一緒に勉強しようと提案した。

あれ以来、成田はさ代子に指一本触れたことがない。あれは彼が初めて彼女を叩いたことであり、今日に至った八年間で唯一叩いたことでもあった。彼は真摯な態度で子育てに臨むようになった。日曜日はほとんど彼女とともに過ごし、公園へ連れて行った。遊び相手がおらず、ほかの子に声をかけようと思っていても口を開けないさ代子を見て、彼は自ら遊び相手を買って出た。ボール遊び、砂遊び、ブランコ……。帰ってくるとしばしば彼女を膝に抱っこし、絵本を読んであげたり、日本語を教えたりした。この時から娘は次第に彼との距離を縮め、逆に私から離れるようになったのである。

彼らは寝坊好き、テレビ好き、寿司と納豆を好んで食べるといった生活上の嗜好が似ている上、彼女は彼と一緒にいると安心感があった。怒られる心配がないうえ、私には浪費としか思えない玩具や甘いものをよく買ってもらえるからであった。悪影響はすぐに出てきた。甘やかしすぎて、礼儀知らずで挨拶もできない子になった。人に挨拶されても返事をしない彼女を見て、こういう時こそ成田が本気で彼女を叩いてやればいいのにと思った。しかし彼は手を出さなかった。仕方なく私が叩くことになった。すると彼は暴力はいけない、などと言い始めるのである。

このように教育問題において私と成田は言い争いが絶えなかったが、彼の娘に対する熱愛ぶりに、私は率直に感激していた。彼はやさしさを私に与えなかったが、娘にはたっぷり注ぎ込んだ。もちろん私を愛しているからこそそうしたのである。私は彼に何らかの形で報いたかった。〝人から一滴の恩を受けたら、涌き出る泉をもって報いるべし〟。彼から受けた恩恵は大河であった。

彼に報いる方法はひとつしかなかった――彼の子を生む。彼に実の子を生んであげる。以前、私が彼の子を生まなかったのは、彼を愛していなかったからである。しかし今は彼を愛している（多くは彼の恩に報いる気持ちであったが）ため、自然と彼の子がほしくなっていた。しかしそうなると事態は取り返しのつかないことになる。子供を産んでしまったら、中国に帰ることも、彼から離れることもできなくなり、いかなる状況下でも彼と一緒に日本で暮らさなければならない。二番目の子供にさ代子と同じ轍を踏ませるわけにはいかなかった。さらには、子供が一人増えることは、家事をさらに重くすることでもあった。悩みはいつまでも私の中でくすぶりつづけた。

一方、さ代子は近くにある〝若草〟という幼稚園に入園することになった。幼稚園の理事長は六十歳近い女性だった。用心しながらさ代子が中国人であることを打ち明けると、彼女は気軽に私の肩を軽く叩き、「中国人も日本人もないよ。子供には教育を受ける権利がある」と言ってくれた。それから私の後ろに隠れていたさ代子に笑いながら、「さ代子は可愛いね」と言った。これは娘が来日して初めて両親以外の人に誉められた言葉であった。

さ代子の集団生活への不安は、杞憂に終わった。子供は適応力が強いのだ。一週間経たないうちに彼女はすっかり園の生活に慣れ、友達もでき、正しい発音でたくさんの日本語の単語を話せるようになった。最も多く言った言葉は〝遊ぶ〟であった。

つづいて彼女の五歳の反抗期がやってきた。大人に逆らうばかりで、私の言うことに全く耳を貸さなかった。男の子よりも悪戯好きで、一分も休むことなく動き回り、激しい危険な遊びが好きであった。次第に彼女の怖いもの知らずの本性が剥き出しになってきた。公共の場所に出かけると勝手に走り出してあっという間にいなくなってしまい、しばしば〝迷子のお知らせ〟の放送を聞いてから、私たちはやっと彼女を見つけることができるのであった。公園やデパートでしょっちゅう迷子になった。海で、動物園で、われわれ大人たちの寿命を散々縮ませた挙句、何食わぬ顔で姿をあらわすのである。

その頃、私は彼女の生活に巻き込まれると同時に、日常生活を通して、日本の専業主婦の、生活内容のすべてを理解しつつあった。彼女たちは家事という変わり映えのしない仕事を毎日繰り返しながら、一家の将来に策をめぐらすのである。物質的に少し恵まれているほかは、まったく精神的な自由と時間を持てなかった。今の私も同様だった。毎朝一番に起床し、朝食の支度と子供の弁当作りをしてから、後片づけをし、子供を幼稚園に送っていく。家に戻ってからは洗濯、掃除、部屋の片づけに追われ、それから買い物や銀行振込みなどほかの雑用のために出かけるのだ。自分のことを考える暇などなかった。毎日の具体的な家事に頭がいっぱいだった。日本人男性が社会の労働機械だとしたら、女性も別の機械である。名付けようがないが、時々刻々家庭の内部で動き回り、男と比べたらさらに空間が狭く、家の壁に囲まれ、ひいては小さな台所の中に縛りつけられていた。無意識のうちに愿僧とともに過ごした日々を思い出した。あの頃は、私は毎日確実に存在し生きていた。しかし今、自分はいなくなっていた。どこかへ消えてしまった。視野には夫と子供、家の二間の部屋と小さなリビングルームしか存在しなかった。

私は次第に日本国の女性になっていった。狭い所に入り込み、家計や家事に精を出し、決していい加減なところがない。かつては勉学に勤しんだ精神力を、これらの取るに足らない些事に注ぎこむようになり、毎日洗わなくても済むように長い髪を適当に後ろで纏めた様は、黒一色の装いも加わり、まるで経験豊富な主婦そのものである。

社交も当面の急務となった。子供同士が友達になれば、お母さん同士も友達にならなければならない。朝、幼稚園で顔を合わせると互いに挨拶し、それから「いい天気だね」といったことから会話が始まり、「お天気がいいね」といったことで終わるのである。午後に顔を合わせると、話題は夕食のメニューに変わるのである。私はほかのお母さんたちの会話を気にかけて聴いてみたことがあるが、内容はやはりこの程度のものであり、中身はなかった。少し深刻な話になると、旦那が俎上に上がる。「お小遣いはいくらあげているの?」「夜何時に帰ってくるの?」「掃除機をかけてくれる?」等など。以前私が桂林で聴いた会話とさほど違わなかった。小野さんとの経緯があって以来、私は日本人と心を割って話すことをやめた。中身のない会話しか交わさず、或いは話さず聴いているだけであった。そのため日本語は上達するどころか、逆に日本語学校時代より下手になった。

子供を産むかどうかが再び頭の中で議論された。成田は私にとって、それほど理想の男とは言えないが、さ代子にとっては良い父親であった。土曜日でも会社が休みであれば、さ代子の送り迎えを積極的にやっていた。理事長先生も、さ代子の教育問題について私にではなく彼に話すのが好きだった。理事長の目にも彼が本当の父親のように映っていたと思うと、感謝や感激で胸がいっぱいになり、落ち着かなくなった。彼の借りを返さない限り、私の心は安らかになれないだろうと思った。

思い悩んだ末、さ代子が熟睡した後、成田にこの考えを打ち明けた。彼はすぐに反対した。「子供？　もう要らない。私たちにはさ代子がいるじゃないか？　彼女が私たちの子供だろう？」と言った。彼は実の子が生まれることがさ代子との関係に影響を及ぼすのを心配しているに違いなかった。私は感動した。決め兼ねていたことにすぐ結論を出した。私は彼に子供を産んであげたい。彼が反対するか否かはともかくとして私は絶対に生むのだ――彼が認めないわけにはいかなかった。

八　二人目の子供

母は小丹の電話で私が妊娠したことを知るなり、たちまち不安の色を示した。これは私が日本に嫁ぐと決心したのと同様に不謹慎な行為であり、もっと冷静に考えるべきだったと彼女は言ったが、すでに妊娠してしまった以上、さ代子のことを大事にし、成田ともよい関係を保つよう頻繁に手紙を書いてよこすしか手がなかった。

私は自分が背負うべき二重の責任を十分心得ていた。生まれてくる子供を迎えると同時に、さ代子にも十分な愛情を注いであげなければならない。妊娠がわかってからの成田は私の気苦労を理解し、細やかで配慮の行き届いた気配りをみせてくれていた。お陰でそれほど大変な思いをせずにつわりの時期を乗り越えることができた。もちろん乗用車に乗れなくなり、吐いたりもしたが、妊娠は二度目ということもあって、前回のように一ヶ月も食卓に近づくことができず、ほんの少しでも油の匂う料理をみただけで吐き気を催すような極端な事態には至らなかった。

私は妊娠初期にタバコをやめ、成田が側で吸うことも禁止した。成田は私に言われた通りに、いつもベランダに灰皿を置いて一服するようになった。レンジ周りと換気扇の掃除、掃除機かけなどが自然に彼の担当となり、休みのたびに散歩を一緒にしたり、風呂掃除を買って出てくれたりした。寝る前には腰と足のマッサージまでしてくれた。

そして例によってこれらは長く続かなかった。初夏、私がつわりの時期が過ぎて正常な労働に従事できるようになると、成田は過去の習性と性格に戻り、休みの日でも夕方から酒杯を手に、テレビの前に釘付けとなり、当たり前のように食事を運んでもらうのを待つようになった。私は体調が優れず、油の臭いがだめだったにもかかわらず、食事の支度をしなければならなかった。手を抜くと彼はお金を出させて外へ食べに行った。私はそのお金が惜しかった。仕方なく毎日吐き気を抑えながら食事の支度に励んでいた。一緒に買い物へ行くと、彼は酒の袋をぶら下げて娘と笑いながら前を歩き、私は重い買い物袋を両手に提げ、大きなお腹を抱えて後ろをよろめきながらついていった。

妊婦である妻を気遣う気配を一切みせない彼の心理が分からなかった。桂林ではこのような男を見たことがなかった。さ代子の妊娠中検診で病院へ行った時、夫が気を遣いながら妻を見守り、街を歩く時も妊婦と手をつないで歩くのをいつも目にしていた。しかし、私はもはや桂林を思い出さないことを自分に強いた。過去に幻惑され、今の生活を乱されたくなかった。〝子供を生もうと決めたのは私自身だ。どんなに苦しくて辛くてもひとりで耐えるしかない。生まれれば自分は自由になるのだ。〟私はほとんど毎日のようにこう考えながら自分を元気づけた。しかし、いったん心にわだかまりができてしまうと、ほんの小さなことでも見過ごせなくなってしまう。取るに足らないちっぽけな事に躓き、文句を言うようになった。

言い争いが高まると、私はつい「中国人ならこんな事は絶対言わない。こんな風に妊娠中の妻を扱うことも決してしないのだ」とお決まりの文句を持ち出した。

「また中国か」彼はうんざりした表情で言い返した。「ここは中国ではなく日本だ。きみの考え方は共産国家の産物だ。だから毎日男女平等、男女平等と言うのだ」

すると、私たちの言い争いは国家の性質にまで及び、私は極端な愛国者となり、中国のことになると言葉を尽くして賞賛した。彼のほうも同様に、私がちょっとでも日本の悪口を言うとすぐに反論した。私たちはまるで自分自身のためでなく、それぞれの祖国のために国際法廷で言い争っているようであった。

喧嘩は再び日常茶飯事となった。二、三日に一度必ず言い争いがあった。その頃、彼はゴルフに熱中していたため、月に一度日曜日がくるたびに三万円がグリーンに消えた。彼の一回のゴルフ代は、一家の一ヶ月の食費に等しいものであった。彼は自己中心的に過ぎた。家族のことをまったく考えない人だと思った。私は彼の趣味を恨むようになったが、彼には彼なりの言い分があった。長年、稼いだお金を自分ひとりで自由に使っていたため、もう習慣になっているというのだ。現在のような家族を養う暮らしは彼にとって息が詰まるほどの苦痛らしかった。趣味までやめさせられたら彼にとって命取りに等しい。人生は短い。お金を稼いできたら使うべきだ、なくなったら銀行から借りることだってできる。彼は私のことを、貯金に執着する、人生を楽しむことのできない人間だと決めつけ、さらに彼の楽しみまで奪おうとしていると考えていた。腹いせのつもりか、彼はさらに金の使い方が荒くなった。しょっちゅう部下を食事に招待し、お金がなくなれば私にせがんだ。拒否するとまた言い争いになった。

さ代子はこのような事態を冷然として放置することを身につけた。いくら両親が喧嘩を繰り返しても、彼女は養父を疎かにしようとせず、いつも通りに〝おい、おい〟と呼びながら彼と遊んでいた。幼稚園の運動会に参加したとき、〝オトウサン〟は親御さんの中で最年長で〝元老〟のような存在だったが、彼女をおんぶして一番速く走っていた。彼らの親密な関係に私は嫉妬した。はじめから孤立無援の状態なのに、娘までもが彼の味方で、まるで彼らが実の親子のようだ。やがて私は彼女を成田の手下と見るようになり、夫婦喧嘩のたびに、彼女を叩いたり、桂林語で罵ったりしてみせた。成田は怒り、部屋を歩き回りながら、「それでも母親か？　こんな母親はどこにもいないよ。彼女に何が分かる？

おれに当たればいいじゃないか」と言うのであった。

ある日曜日、私が娘に怒り始めるとすぐ、成田は耐えられなくなり、車のカギをもって、「オトウサンと水族館に行こう」とさ代子の手をとり部屋を出た。階段を降りる途中で引き返し、私にガソリン代と入場料を要求した。彼は言った。「きみに手を伸ばさなければ、どこへも行けないんだ」。

二人が行ってしまった。私は怒りで食事が喉を通らず、タバコを吸いつづけ、夕食の支度をストライキしようと思った。妊娠初期にやめていたタバコは戻り、一日に十本以上も吸うようになった。夕方、二人が楽しそうに帰ってきて、さ代子は微笑みながら「ママ、ただいま」と水族館のパンフレットや成田に買ってもらったお土産を私に見せようとした。私は知らん顔をして、テレビを見つづけた。夕飯がないことに気づき、成田は「おれは食べなくてもいいけど、子供は食べなきゃだめでしょう」とさ代子にカップ麺をつくった。彼女は腹ぺこだったらしい。焦って食べはじめカップをひっくり返した。

ついに私ははけ口を見つけた。思いっきり彼女の頬を平手打ちした。彼女はオトウサンに見せるかのように跳ねながら泣きはじめた。それが私の怒りに油を注ぎ、彼女の頬をつねった。すると彼女はさらに激しく泣き喚いた。成田は我慢できなくなり、部屋を出てどこかへ行ってしまった。

私は子供を妊娠したことを後悔し始めた。頭の片隅にしまい込んだ考えが再び現われた。私は損をしたのだ。完全に成田の犠牲となってしまったのだ。夜、彼が散財して帰宅し、また私に〝借してくれ〟と言った時、私は厳粛な表情で切り出した——中絶する。

追い詰められて決心したのだと彼が感づいてくれると思っていた。これで少しは反省し、私の健康を気遣うようになると期待していた。結果は全く逆だった。彼は私の顔を指差して、すぐにでも病院へ行けと言い放った。

「行けよ、はやく行けよ。一度中絶したのだから、もう一度やればいいさ」。私が泣こうとした瞬間、彼は枕とふとんを取り出し、車のカギを持って部屋から出て行った。駐車場へ行き、車の中で一夜を明かすのだろう。

本来、彼を脅かそうと思って口に出したが、彼の態度で私は本当に病院へ行きたくなった。何度も〝母子手帳〟を手に病院へ向かったが、途中で引き返した。どう考えてもわが子をおろしてしまう決心がつかなかった。それにすでに五、六ヶ月目になっていたため、医者も処置してくれないだろう。万が一下手な処置して障害児となったらもっと大変だ。さんざん悩んだ末、病院へ行くのを諦めた。

結局、二人にはこの家しかなかった。いくら言い争っても、外へ出ても最終的にはここへ帰ってくるのである。娘の幼稚園のことなど必要な事項以外、私たちは一緒に生活しながら口をきかなくなった。

このことがさらに悪化しなかった主な原因は、私の両親が産後の世話で来日することが決まったからである。彼らを迎えることにより、成田と私の注意力が分散され、両親が来日してからの具体的なことを考えなければならなかった。それに私はふたりの不仲を両親に知られたくなかった。

両親が日本に着いた当日、私はすでに出歩くのが不安な状態になっていたため、成田が娘を連れて空港へ出迎えに行った。母の名前が書かれているプラカードを手に、成田は出口の最も目立つ場所に立ち、荷物を抱えた老夫婦を出迎えるなり、桂林語でやさしく「お母さん、ご苦労様」と声をかけた、ということであった。

一九九三年一月二日、私は予定日より二十日も早く、浦和市の石川医院で二人目の子供を出産した。男の子で、体重はさ代子とほぼ同じ三キロ弱だった。私は彼にありきたりの名前をつけた。正二――息子の一生が平安、無事、裕福であるように、又、正月に生まれたことを記念するためである。さ代子を生んだ時と同じように、妊娠促進剤を注射してから分娩室に入った。今回は前回よりずっと恵まれて、成田は子供が誕生するまでずっと側にいて、手を強く握ってくれた。

私は五日間の入院生活を彼の細やかな看護の中で過ごしていた。部屋が個室で、病院の冷めた食事が口に合わなかったため、成田は毎日のように母が作ってくれた鶏のスープを運んでくれた。夜はベッドのそばにあるソファーに眠り、中国人亭主の誰にも劣らなかった。ある看護婦など、ご主人のようなやさしい夫が欲しいと言っていたほどである。彼は私を下にも置かぬ扱いぶりだった。母は、私は男女両方の子宝に恵まれ本当に運がいい、ついに苦が尽きて楽が来たのだと言った。

弟の出現にさ代子は本能的な脅威を感じていたようだ。今までひとりで独占していた愛情が二人の共有物になってしまう。お父さんと祖父母に連れられて病院に来た時、短い間にわけもなく二回も泣き出し、弟を抱っこすると言って聞かなかった。赤ちゃんが運ばれてきたら、少しだけ抱っこしてすぐに、「猿みたいでかわいくない」と言って、私に抱っこをおねだりした。私は疲れから彼女を無視し、祖母も彼女を責めた。成田は違った。すぐ彼女を膝に乗せて、赤ちゃんを指差しながら彼女と会話し、アイスクリームまで買い与えた。

私の両親はふたりとも成田を気に入った。彼を礼儀正しくいい人だと言った。家は三部屋しかなく、突然二人の年寄りが加わり、一家六人で住まなければならなかった。それにもかかわらず彼は始終両親にやさしく接し、一度も不機嫌な顔を見せたことがなかった。しかも自主的に寝室を両親に譲り、私たちはさ代子が遊ぶ部屋で布団を敷いて寝た。継父は成田よりも大きなお腹をしていて、鼾が雷のように大きかったため、彼は熟睡できず、毎晩ふとんを頭に被っていた。それでも一言も文句を言わなかった。いつか彼がさ代子の家に行く時も同じ光景になるだろう。継父は申し訳なさそうに、キッチンで寝ると言い出したため、私たち夫婦は再び寝室に戻った。

その後、母は彼の話題になるたびに、「三ヶ月だよ、三ヶ月。彼は一度も私たちを粗末にしなかった！」と繰り返した。中国では、義母と婿が長く一緒にいると齟齬も生じるだろう。しかし彼はあくまで善意に徹し、その姿勢は決して乱れることがなかった。母は彼の親孝行ぶりと、さ代子に対する彼の態度に感動していた。

しかし一ヶ月も経つと彼らはもう桂林に帰りたくなった。ここでは友達もいなければ麻雀もできず言葉も通じない。見知らぬ環境に囲まれ、一歩でも外へ出るとビクビクと緊張していた。私たちが他人に会釈をするのを見て、彼らもそれを真似、緊張する余り、しばしば言葉を間違えて、〝おはよう〟のつもりで〝こんばんは〟と言ってしまうのであった。日本の礼儀の表わし方も気に入らなかった。何度も会釈やお辞儀を繰り返し、首が痛くなっても終わらないと文句を言った。

私たちの日常生活を見て母は、日本人は中国人よりも遥かに苦労している。特に精神面において、中国人の自由には遥かに及ばないと結論を下した。「中国人は言いたいことを何でも言えるのに対して、日本人は考えてからものを言い、しかも敬語を使っている。面倒だ」と言った。成田が帰宅すると、彼女は「働き者が帰ってきた。まるで牛みたい、朝から晩まで働いて、キャベツと焼き魚しか食べない。」と彼を憐れみながら冗談っぽく言うのであった。彼女は刺身や焼き魚は栄養がないうえ美味しくない、キャベツは豚の飼料だ、と考えていたのである。

両親の滞在によって、私は成田が実は単純な人であることに気づいた。食欲さえ満たされれば、あまり文句を言わないのである。たしかにこの婚姻は最初から無理があった。私は芸術を学び、夢見る事を好み、精神的な充足を重視する。現実生活、特に飲み食いのような俗っぽいものには興味がない。一方彼は、営業課長を勤め、毎日商売や利益と付き合い、その上独身生活が長く、食べて飲んで遊ぶといった悪習を身につけていた。まったくロマンティックな考えをもたない、きわめて現実主義的な人間である。

成田は完璧な人間ではない。彼が年寄りを尊敬することは一面であり、両親がいるお陰で私たちが最初の育児段階を軽く乗り越えたため、彼は両親に感謝しているのである。彼らがさ代子の送り迎えや家事全般と産後の世話をしてくれなかったら、彼自身がそれをしなければならない。或いは九州の母親にしてもらうしかないのである。私の両親は私を助けたばかりでなく、彼をも助けたのである。

成田の母親は私の両親に感謝するため、また私たちの結婚と正二の誕生を祝うために、わざわざ九州から駆けつけた。彼女は七十近く、背中が少し曲がり、膝も少し曲がっていたが、動きも話し方も達者だった。私と母にも負けないぐらいの甲高い声でしゃべった。二人の母親は顔を会わすなり意気投合し、違った言葉で互いに若く見えると誉め合った。私は通訳をしながら、この日本の姑を観察した。母に比べ日本の姑は中国の姑より知識が豊かで礼儀正しい。日本の姑は戦前、高校卒業まで教育を受け、この歳になっても頭の回転が速く、話し方も機知に富んでいる。中国の姑と違う点は、客という身分をわきまえて、決して家事に手を出そうとせず、私がお茶を運ぶのを待っていることであった。

彼女は上野のある中国ホテルでパーティーを開き、東京にいるすべての親戚を招いて私の両親を歓迎した。母は方々に挨拶して回り、私が通訳を担当した。パーティーで、私はさ代子が主役となり、正二と私の両親よりも彼女が目立っていることに気づいた。成田のふたりの弟と義妹、妹と義弟、そして彼らの子供も含め、みんなさ代子に話しかけたり、抱っこしたり、遊んでやったりしていた。

日本に来てから初めて、彼女が話題の中心人物になり、大事に扱われたのである。さ代子は有頂天になり、休む暇なく笑い、話し、楽しげに席から席へと移動して笑顔を振り撒いた。娘が成田家の皆にこんなにも大事にされて私は大いに心が慰められた。同時に、私が結婚前に娘の事を隠していたことを思い出し、彼らの前にいるのが気まずく、恥ずかしい感じがした。母は日本の親戚に贈られた花束、ハンドバッグ、そして継父への贈り物のベルトを受け取り、感激していた。父と結婚した時でさえ、こんなすてきなプレゼントをもらったことがないし、こんなに温かく歓待されたのは生まれて初めてのことであったからである。彼女は皆に感謝し、婿にも感謝した。これらすべては成田のお陰であると彼女は考えていた。

このパーティーが終わった夜、小丹から悲しい知らせを聞いた——川島さんが亡くなったのである。享年七十二歳。肝臓ガンであった。数ヶ月前に入院したことは知っていたが、私は見舞いに行かなかった——私の大きなお腹を見たら、きっと彼は怒っただろう。すべてを打ち明けるわけには行かなかった。正二が生まれてから、会いに行く勇気がさらになくなり、時間もなかった。彼の元気な姿、彼から受けた恩を思い出すと、私は罪悪感と恩人を喪った哀しみに毎日悲嘆に暮れた。川島さんが亡くなって間もない頃、私は二度ほど正二を抱いて浦和から西巣鴨へ行き、蕎麦屋の前で逡巡した。入口には昔と同じように青い暖簾がかけられており、生前の川島さんがそれをくぐる姿が目に浮かんだ。しかし今は、彼はもうこの世にいない。私は衝動的に暖簾をくぐって入ろうと思ったが、自分の理性に止められた——まだ彼の遺影を前に、奥さんに自分のことを打ち明ける勇気がないと思ったのである。一九九八年春、私がふたりの子供を連れて川島夫人を訪ね、すべてを打ち明けるまで、彼女は私の辿った本当の軌跡を知らずにいた。

正二が生まれてから我が家に平和が戻った。私は全神経を子育てに注ぎ込んだ。彼は父親に酷似していた。顔全体がまさに成田のコピーである。分厚い唇だけが私に似た。彼を寝かせるのは大変なことだった。寝たと思っても小さな物音ですぐに目を開け、寝なくなる。一晩に何回も目を覚ました。抱き癖がついた彼は、抱っこしてあげないと泣き止まず、祖母は「ママに苦労ばかりかけて、悪いやつだ」と言いながらも、仕方なく抱っこした。明らかにお姉ちゃんより知力が高く、かつてのさ代子よりずっと世話がやけた。

正二が生後六十日経った頃、祖父母は中国に帰った。こうしていちどきに育児がすべて私の双肩に圧し掛かってきたのである。この時初めて、私は子育ての大変さに気づいた。オムツ交換、授乳、泣き止ませるためのあやしつけ、二時間おきに目を覚ます夜――昼間は寝ることができず、夜も熟睡できない日々が続いた。母乳が多過ぎて飲み切れなかったため、毎日何回も搾乳機で絞り、痛みで涙が出た。家事はさらに苦痛になった。赤ん坊をおんぶしながらやらなければならなかったからである。掃除機かけ、洗濯、食事の支度、買い物。買い物に出たときは赤ん坊をおんぶして自転車に乗るため、ハンドルをうまくコントロールできず、フラフラしながら進んで行く。また、毎日さ代子の送り迎えや買い物に出かけなければならなかった。雨の日は家から幼稚園までの短い距離がとてつもなく遠く感じられた。左手に傘、右手にさ代子の手をひき、正二をおんぶして雨の中を歩くのである。自家用車はあったが、私は運転できないし、習う暇もなかった。

日々が慌しく、私は疲労困憊しきっていた。いつになったら子育てから解放されるのか見当もつかなかった。さ代子と正二の世話はもちろん、成田の衣食、日常生活の世話もしなければならなかった。どんなちっぽけなことでも自らの手で処理し、床に落ちた野菜の一かけ、紙屑までも自分で拾わなければならなかった。成田に手伝いを求めると、彼は「男女分担、分担してやるのよ。男が子育てしてもしようがないだろう？　どうしても子育てしろと言うなら、きみが金を稼いで来い。おれだって疲れている、休みが必要だ」。彼はこの理由を盾に、私を言い返す言葉もないほど追い詰めた。そして問題が解決したと一人合点し、何食わぬ顔でテレビ画面に顔を戻すのであった。

彼は常に飲みながらテレビを観賞し、私が肴を持ってくるのを待った。箸を渡す暇がない時でも、彼は身動きせずに持ってきてもらうのをひたすら待っていた。料理番組（つくったことがないのに）、コマーシャル、政府の宣伝番組などを見ながら。私は再び彼を恨むようになり、同時にテレビとテレビを発明した人も恨んだ。旦那を何時間も釘付けにするほどの魅力がどこにあるのだろう。自分は三年間も彼と夫婦をやっているのに、どんなにうろたえても彼の注視一つもらえないのだ。悔しかった。自分は日本人ではなく、生まれ育った文化も常識も境遇も違う。いくら努力しても彼が望む日本人女性には及ばないのだ。それなのに彼は、どうして私の立場で考えてくれないのか。どうして互いに助け合うよう自分を変えようとしないのか？

三月末、さ代子は幼稚園を卒園し、小学校に入学することになった。一年生の中で、中国人は彼女ひとりだった。さ代子は学校が好きだった。彼女にとって学校は楽しみのすべてであった。毎朝日が昇る頃、彼女は重いランドセルを背負い、日本人の子供たちと仲良く整列して学校へ向かった。彼女の小事に拘らない明るい性格は友達を増やした。みんなが彼女を好き、彼女もみんなを好いた。彼女の歴史を知る人もなく、白い目で見られることもなくなった。彼女には、ものごとを根に持たないという得難い長所がある。

階下の小野家は最近引っ越したが、同じ区域であったため、子供の愛子は小学校を変わらなかった。学校内で彼女に会うと、さ代子はいつも「お姉ちゃん」と呼んでいた。良心が芽生えたのか、愛子は後にさ代子の友達になった。現在でも母親同士は冷戦状態だが、子供たちは顔を合わせると互いに温かく挨拶を交わしている。さ代子は愛子にとって代わり、アパートの子供たちの〝お姉ちゃん〟になった。弟を抱っこして下へ降り、正二のエピソードをみんなに話すのが好きだった。彼女は弟にキスしたり、あやしたり、泣かせたり、手をつないで歩いたりし、もう彼に嫉妬せず、自分の大きな玩具にしていた。

その年の春、小丹も日本語学校を卒業し、青山女子短期大学に合格した。同期生には留学生が少なく、十人足らずであった。合格は本人の努力はもちろんのこと、成田の功も欠かせなかった。学校の選択や面接試験などにおいて、彼は彼女に的確な情報とアドバイスを提供した。このため彼女は大いに彼を気に入り、私の家族を大事にし、実家との関係を大事にしているといつも彼を誉めるのであった。入学する前、私たちは一緒に食事をし、成田はまるで自分が合格したかのように興奮し、声が雷のように大きくなった――彼はまた酔ったのであった。

家事を巡って多少の軋轢はあったものの、平和な日々が続いていた。休日になると、私たちは車で郊外や、海辺へ出かけた。そういう時、成田は私と子供たちにやさしく接してくれた。時々、私たちは将来について語り合い、二十年後の自分たちを想像した。その時さ代子は結婚し子供に恵まれ、正二にも彼女ができているだろうと語り合った。そして話題は私の趣味にも及び、彼は数年前に約束したことを繰り返し、子供が大きくなったら、私が好きなことができるようにできるだけ協力すると言った。私はすでに長い間絵を描いていなかったため、これから絵を描く可能性はあまりなかった。しかし私は読書が好きで文章を書くことができる。机とワープロがあれば十分である。

その年の冬、私は子供を連れて三ヶ月間、故国に帰った。お金を節約するため、私は成田の同行を拒んだ。そしてもう一つ大きな理由は、桂林に彼を連れて行けば騒動になるのは間違いなかったからである。桂林は狭い町なので、今日東で起きた出来事は、明日西で噂になっているかもしれない。突然日本人が現れれば、私の離婚など一夜で暴かれてしまうだろう。帰国の飛行機の中で、私は正二がシートベルトを嫌がって騒ぐのを防ぐために、彼に酔い止めの薬を飲ませて寝かせた。そして繰り返し〝オトウサン〟と正二の事を他人に言わないようさ代子に言いつけた。

桂林に戻った私は、正二を連れて実家に泊まり、時々兄の家にも行った。さ代子は愿僧の家に泊まり、祖父母やおばにママのことを聞かれると、ママが昼間働き、自分が学校へ通い、夜は二段ベッドでママが上、自分が下で寝ているのだと話した。愿寧はすでに風の噂で私のことを聞いていたが、さ代子がこれほど私を庇っているのを見て、彼女を憐れみ、深くは訊こうとしなかった。

愿僧の両親は依然騙され続けていた。私を嫁だと思い、「紹赤、紹赤」と私を呼び、私も二人を「お父さん、お母さん」と呼んでいた。義父は腸詰と牛肉の燻製をつくって私にご馳走した。義母は体が弱り、手の震えが止まらなかった。彼女は涙を流しながら、「あなたと愿僧はいつになったら一緒に住めるの?」と悲しそうに言った。私は辛くてたまらなくなった。しかし私は二人の年寄りを自分の親と思い、ここを自分の家だと思っているにもかかわらず、愿僧とは気まずく、昼間だけ滞在し夜になったら実家に帰った。それに愿僧のガールフレンドが頻繁に訪ねてくるので、彼に迷惑をかけたくなかった。

愿僧は老け込むこともなく、顔色も良かった。太ったせいか皺が伸び、朝寝坊が好きでスポーツをしないこともあり、肉が弛んできたようにみえた。ベルトが緩むと丸いお腹が見えた。冬だったため、彼はまた帽子をかぶるようになった。コートとスーツは古く、私たちが結婚したばかりの頃に手に入れた日本の古着であった。彼は依然として商売がうまく行っていないようだった。娘の送り迎えのため何回か私の実家に来たが、両親に対して態度が冷たく、黙って会釈するだけであった。それは母を悲しませた。彼女はずっと愿僧を庇ってきた。私たちの離婚にも関与せず、私に反対さえした。今でも外では嘘をつき通し、婿がまだ日本に行っており、商売のために中国と日本を行ったりきたりしているのだ、正二が私たちの第二子だと継父の子供にまで言っている。「日本は一人っ子政策がないから、二人でも三人でも自由に生める!」他人に聞かれるたび彼女はこう言った。

継父は母のいいなりだったが、年取ったせいか、二人の間に会話が増え、話のタネがなくなると言い争いを気分転換にしていた。何かあってもなくても、毎日のように言い争いがあった。しかし本気で争うことはなく、気が治まると何事もなかったかのように笑顔を見せるのであった。彼らが羨ましかった。歳を取り、再婚同士なのに、これほど穏やかにユーモラスに付き合えるのに感心した。私と成田の喧嘩はいつも本気でギスギスしており、彼らのように気軽に冗談を言い合えることは全くなかった。

桂林に滞在している間に私は痔を患ったことが分った。診察の結果、手術をすることになってしまい、四十日以上もの入院生活を送ることになったのである。私がいなくなって不便になったと成田は電話で動揺を伝えてきた。日本は地理的に遠く離れていたが、心のつながりを感じられ、彼が常に私の側にいるような気がした。

病室で私は空想にふけった。もし成田が側にいたら、彼はどんなにやさしく細やかに看病してくれるだろう。きっと病室にいるどの夫にも負けないだろう。私は彼にやさしくしてもらったことを思い出し、数々の不愉快な出来事を頭の奥に押し込んだ。一日も早く彼の側に帰りたかった。

九十日の別れが終わり、成田が空港で私と子供を出迎えた。かつて私を中国から日本へ迎えた時と同様に、二人とも言葉で言い表せないような複雑な気持ちであった。色々な出来事、数え切れないほどのいざこざがあった。互いに語りたい言葉が山ほどあるが、どう切り出せば良いか分からない。私たちは簡単に挨拶を交わし、なぜだか久しぶりに新婚気分に戻り、互いに慕い合って我が家へ帰った。

九　夫との軋轢

帰郷以来、私たちの生活は平和を取り戻していたかのように見えた。その年に成田は営業部長に昇進し、月給も増えた。これが仇になった。会社ではリーダー的存在となり、毎日のように部下を説教していたため、帰宅してからもその癖が直らず私にも大きな態度をとった。私はたびたび家と会社を区別するよう注意したが、それでも厳しい口調と傲慢な態度が直らないため、私たちはまたしても不仲に陥ってしまったのである。

経済に余裕ができたため、私は引越しを提案した。今の家が狭いだけでなく、かつて差別された時の心の傷も残り、子供と私自身のために環境を変えたほうが良いと思っていたからである。成田も同じ考えだったが、私に先に言い出されたうえ、自分の給料が上がったことを契機にされたのが腹立たしかったようで、私が廻ったいくつもの不動産屋を拒否し、最後に彼が見つけた物件に決めた。

新しい家は別所沼公園の近くにある3DKのマンションで、子供部屋にはさ代子の望み通り、二段ベッドを置き、さ代子が上、正二が下に寝るようにした。私と成田が一部屋を使い、もう一つの部屋を書斎にし、私のワープロを置いた。中央に狭い廊下があり、床には木の板が敷かれていた。私はとてもここを気に入った。

新生活のスタートであったが、私と成田は引越しに対して色々意見が合わなかったため、又、二人の仲は過去の対立や根強いうらみつらみ、経緯が累々と重なり、互いへの不満が滾りつづけており、双方がいつしか爆発の機会を窺うような一触即発の事態に発展していたのである。些細なことで衝突を繰り返し、言い争いになると、成田はこう言うようになった――「この家の男は誰だ？　きみか、おれか？」。持ち弾のない私はまた男女平等を持ち出すのであった。すべてがこの原始問題に戻り、互いに目の前にある問題については議論せず、過去のいざこざを引き出し、罵り合った。

だが彼は二十数年もセールスの仕事に鍛えられた営業部長殿だ。勝てるわけがない。しばしば言い争いの後、私は厳しい沈黙の表情をもって自分の彼に対する不満を訴えるようにした。一方、彼も同様に恐ろしい表情で私を無視した。無言で睨み合う二人の胸の中には怒りが蓄積され続け、沸点はもうそこまで来ていた。

ある日曜日、食卓に箸を並べなかったと成田が言いがかりをつけ、大喧嘩になった。どうせ彼は新聞など読みながら座っているのだ。手があるのだから自分で取ればいい、と私が言うのに対し、彼はこれは主婦の仕事だと突っぱねた。言い争いが始まり、話しの行きがかり上、「中国に帰ってやる」と私は叫んだ。この言葉が、まさに彼の最も弱い部分にまぐれ当たりして一撃を与えた。実家に帰られると彼が一番困るのである。身の回りの世話を誰も見てくれないうえ、幼い子供が二人もいる。彼はたちまち態度を変え、言い過ぎたと釈明した。しかし、長い間たまってきた不満が燃え盛る炎になり、私は部屋を行き来しながら、中国に帰るのだと繰り返した。今回の言い争いはひとつのきっかけに過ぎなかった。私は彼との生活にすでに限界を感じていたのである。

この時から、もはや意見の統一を図る意欲が双方から失われた。互いにそっぽを向き、毎日の会話は、「今日何食べる?」、「何時に帰ってくる?」、「刺身食べたい」「九時に帰ってくる」といった類のものしかなかった。

子供たちは非常に敏感になった。両親が揃っている時はいつもおとなしく、静かにご飯を食べたり遊んだりしているが、父親か母親のどちらかだけになると、必ず仮面を外しうるさく騒ぐようになった。どういうわけか、子供はふたりとも父親が好きで、私を恐れていた。成田が家にいるといつも彼の後ろについて歩き、私の側に寄らない。特に正二は、一番好きな言葉が「おとうさん」であり、毎晩父親と一緒でないと眠れないほどであった。それが私にとっては好都合だった。しばらく成田と同じベッドで我慢した後、子供部屋の二段ベッドでさ代子が上、私は下で寝るようになった。成田は正二と同じベッドで寝るようになり、用がない限り私のいる部屋に入ろうとしなかった。このような家庭内別居状態が一年以上も続けられ、もちろん性生活は消えた。時々彼はそれとなく私にほのめかすこともあったが、私が爪切りを始めたり、あくびをしたりしてとぼけていたため、彼は仕方なく諦めるのであった。

みんな私から離れていった。さ代子までもが私に冷たくなった。私は耐え難い孤独感に襲われていた。そういう時いつも、私は漢字の〝悶〟を思い浮かべ——心が門の中にこもっている、まさに今の私の心境だと嘆くのであった。

悩みのすべてを中国にいる肉親に訴えることができたら、どんなに楽になるだろう！しかし私はもう彼らに心配をかけられなかった。これ以上彼らに苦痛を与えてはいけなかった。王さんは自分のことで精一杯だったし、私もここまで悪化した自分の家庭内の事情を再び彼女に打ち明ける気にならなかった。誰にも相談できぬまま、私は毎日、部屋で独り言をつぶやくようになった。また、頻繁に泣くようにもなった。泣くことが唯一の武器だった。最初のうちは成田に見せるために泣いていたが、やがて自分に泣いて見せるようになった。成田は最初のうち、他人の家庭が円満なのに、なぜ自分の家庭がこれほど問題が多いのかと真剣に思い悩んだらしい。だが、今となっては考えることを放棄し、私が泣いているのを見るなり、ドアを閉めて出て行くようになった。そのために私は彼に泣き顔を見せることもできなくなった。

私はこのような暮らしを望んでいないし、このような結果を迎えるために日本に来たのではなかった。目の前が真っ暗になり、もはやこの苦しみから抜け出すことができないと絶望した。朝から晩まで顰めた顔をして溜め息をつき、ひたすらタバコを吸いつづけた。成田は私と顔を合わせたくなかったため、わざと遅く帰宅するようにしていた。私も彼を見るのが嫌だった。怒りが滾ったとしても、殴りあうわけにはいかなかった。怒りは募った。暗い情念が胸にとぐろを巻いていた。

そして息子の正二が私のはけ口になった。彼さえいなければ、私はとっくに中国に帰っているだろう。正二こそ私が抱いている不満のそもそもの原因であり、彼のせいで私は苦しみ、悲しむのだ。その上彼が父親である成田の分身であると思った。夫に怒りを発散することができなくとも、息子にならできた。成田が仕事に行き、さ代子が学校へ行った後、私は待っていましたと言わんばかりにドアを閉め、料理用の長い箸を手に、まるで狼に変身したかのように正二に相対した。彼をベッドに押し倒し、ズボンを脱がせて箸で叩きつづけた。

彼は悲鳴を上げながらドアの方に向かって這いながら走って行ったが、私は彼を掴み、箸を羽箒に換え、身動きができないように彼を足で踏み、声がでなくなるまで彼を叩きつづけた。やがて彼は私の前で身を縮め、いくら叩かれても抵抗しなくなり、ひたすら頷きながら小さなうめき声で泣くようになった。その時、私は一種の征服感に喜びを感じ、弱いものを苛めた後の快楽と、ストレスを発散させた後の満足感を味わった。これが〝弱肉強食〟だった。その頃、正二は二歳だった。いつも恐怖に怯えていた。両親が喧嘩するたびに彼の身に災難が降りかかった。父親が外へ出た途端、彼は自主的に部屋の隅に身を縮め、私が羽箒を上げる前から涙ぐむのであった。彼は非常に用心深くなり、大人の顔色を覗う賢さも身につけた。私と成田の言い争いを聞くと忽ち焦った表情を見せた。

ある日、気が狂ったように彼を殴っていた最中、信じられないことに彼は大声で「警察、助けて！」と叫んだ。テレビで覚えたらしい。私ははっと我に返り、驚き、悔やみ、恐怖を感じた。悪魔は実は人間がつくりだしたのだ、この時の私が悪魔なのだとまさにこのとき思い知らされた。私はもはや彼を殴りつづけることができなくなり、全身の力が抜けたように崩れ落ち、力いっぱいに彼を抱きしめ、傷に口付けしながら薬を塗った。彼は泣き止み、私の顔を撫で、涙を拭いてくれた。それから私はもう二度と彼を殴らなくなった。

その頃、私は下腹部に痛みを感じるようになっていた。怒るとさらに痛んだ。まるで束になった無数の金属針にゆっくりと刺されつづけているようであった。教育、夫婦問題、腹の痛み。私はこの苦難の海から逃れ、思い切って帰ろうかと思ったが、正二のことでなかなか決心がつかなかった。生まれた時からずっと彼と一緒に暮らし、彼への虐待を経てから、ちょっとでも彼の姿が見えないとすぐ気が動転して不安になり、強い依存心が生まれていた。もし彼を中国につれて帰れば、中国が彼にとって外国となり、私が日本に対する気持ちと同様に、彼も戸惑い、不遇な人生を送ることになるだろう。しかし、彼を成田に取られるのは許せなかった。眠れぬ夜が続いた。

とうとう私は成田に離婚を切り出した。離婚について成田はすぐに賛成し、しかも早いほうが良いと言ったが、正二の問題となると、意見は真っ二つに分かれた。成田は私以上に態度が硬く、裁判になっても負けるのは私だろうと言い切った。母親の意志を優先させる中国の法律と違って、日本の法律ではまず子供の利害関係を考え、経済力のある父親の方を優先させるのである。言うまでもなく成田の方が明らかに有利であった。私には正二を扶養する経済力もなければ、日本国民である彼を中国へ連れて帰る理由もなかった。

日本の法律に関して私は全く無知であり、法律以外のことでも成田を頼らなければできないことが多かった。彼は私の保証人であり、現実生活における教育者、引率者であった。彼の指導と援助がなければ身動き一つできなかった。私の知人の多くは彼の親戚、友人であるため、彼以外の人に聞くことさえできなかった。

上原夫人は話し合いのために一度私を呼び出し、一体何が原因で私たちが度々離婚を口にするのか知りたがった。しかし、いくら私が説明しても、彼女には理解できず、責任がどちらにあるかも判断できなかった。彼女はただ、日本人男性が緊張感、プレッシャーに耐えながら働いており、家に帰った時だけ仮面を外し、リラックスしたいのだ、だからこそわがままで甘えん坊で、特に奥さんの前では傲慢になるのだと強調し、自分の夫に成田を教育するよう頼んだ。九州の義母は成田がいない時に二度ほど電話をかけてきて、冷静に、特に子供のことを考えてあげるように私を説得した。そして彼女自身の例をあげ、若い頃、彼女も二度ほど真剣に離婚を考えたが、最終的には子供のために諦めたのだと私に言い聞かせた。彼女たちは私のために親切に助言してくれたにもかかわらず、私は彼女たちを成田側の人間として捉え、彼女たちの意見に耳を貸そうとしなかったのである。

私は離婚と関係があるあらゆる情報を渉猟した。テレビ、新聞、宣伝広告などなど。市の公報で市役所に婦人相談コーナーがあることを知り、ある寒い朝、正二を連れて相談者の列に並んだ。

板で隔てられた小さな部屋で、ある小太りの中年女性が応対にあたった。事情を聞き終えると、彼女は頭を横に振りながら、成田の言い分が正しいと私に言い聞かせた。正二と一緒に暮らすことは不可能に近いと言われた時、私はどうしても納得できなかった。自分の血肉を分けた彼が、どうして母親と一緒に暮らせないのか？　私がいなければ彼はこのに教えを乞うたが、彼女は鉛筆で机を叩きながら、最後に唯一の方法を教えてくれた——忍。

多くの日本人女性が忍んでいる。夫とは完全に切れているにもかかわらず、子供、名誉、経済事情、社会の関係などの様々な理由で我慢し、表面だけの婚姻関係を維持し、家庭内離婚を選ぶ人も多いと私に言い聞かせた。

正二が小学校に入る年齢まで耐え、それから離婚をすれば、彼は私の顔を忘れることなく、大きくなったら中国へ会いに来てくれるだろうと考えた。そして今彼から離れると、私を完全に忘れてしまうだろうとも考えた。倫理的に考えても、まだ幼児段階の彼と離れることは、母親らしいことではない。私に残された道は二つしかなかった。数年間我慢するか、正二を諦めて出て行くか。しかしどちらも私には考えられないものである。正二を諦めることもできなければ、成田との暮らしに我慢することもできない。とにかく、今の状況を一日も我慢できないのだ。相談員に家庭裁判所に行ってみてはどうかと勧められ、一度顔を出したが、応対した職員は相談員と同じことを言った。さ代子の存在と正二の国籍はいずれもきわめて私に不利である、と。

現実生活の地獄はさらに深刻化して行った。私と成田はもはや話すことがなくなり、口を開けば必ず正二のことで言い争った。私は胸を叩いて、死んでも正二を連れて行くと言い張った。一方彼は、私の顔を指差しながら、死んでも中国へ追いかけて連れ戻す、誰に預けることになっても私にだけは渡さないと言った。まるで正二は私が生んだ子でなく、彼の所有物であるかのようであった。さらに彼は自分の留守の間に私が中国へ帰るのを恐れて、私が見ている前で、私の私物が入っているバッグから家の預金通帳及び正二と私のパスポートを取り出した。持っていても意味がないと思ったのか、彼は私のパスポートを戻し、正二のものだけを会社へ持っていって自分の引き出しにしまい込んだ。この点において、かつて近舒の親権を譲った愿僧と全く違って、成田は容赦がなかった。

私は泣くことしか出来なかった。彼は笑い、「誰に見せているの？　女はずるいよ。泣くことを武器にして。おれは騙されないよ」と言った。いつも通りに酒を飲み、テレビを見たり新聞を読んだりしていた。一方私は、頭の中がまるで嵐のように吹き荒れていた。何かに向かって大声で叫びたい気持ちだった。精神の均衡は完全に崩れてしまっていた。よく成田が私を見つめながら、私の目が空ろで視線がおかしいと言った。そう見えても無理はなかった。そういうとき私は、どうすれば彼を殺せるのかを考えていたからである。お茶の中に毒を入れる、或いは眠っている彼の胸に包丁を突き刺す——私は彼が死んでいくのを見ていたかった。そうでなければ彼に私が死ぬところを見せたかった。彼の呼吸が止まり、私の子供を奪うことができなくなるの場面を想像する度に、私は声を出して笑った。

それでも無意識に私はある種の冷静さを保っていたようで、このままでは危ないと思うこともあった。二度ほど態度を和らげ、泣きながら精神病院に連れて行ってくれるよう成田に頼んだ。彼が電話帳で病院案内を見つけ出すと、今度は自分が留守の間に正二がどこかに隠されるのではないか、或いは九州に連れて行かれるのではないかと心配になり、私は突然病院に行くことをやめるのであった。

私は頻繁に幻覚を見るようになった。時には現実、時には幻想の中で彷徨った。夜、子供たちが寝静まった頃、私は成田の夕食を準備しながら、彼が交通事故に遭い、或いは酔っ払ってどこか街角に倒れ込んで帰れなくなる場面を想像した。そうなれば私はもはや彼の束縛から逃れ、彼に奉仕することもなくなり、自由に子供たちを中国に連れ帰ることができ、永遠に正二と一緒に暮らせるのだ——しかし、たとえ朝になったとしても、彼は決まって元気な顔で帰宅した。彼を殺す方法を見つけられず悶々とした日々を送っているうち、自分が毎日使っている台所洗剤なら、最も簡単な、直接的な効果をあらわすのではないかと思いついた。すぐに効果が出なくても、毎日少しずつ彼の茶碗や湯呑みに入れれば、次第に彼の健康を損ない、ゆっくりと死に向かわせ、死後も原因を究明しにくいのではなかろうか。しかし、私は想像するだけに止まり、怖くて実行に移すことができなかった。毎日ひたすら頭の中でシミュレーションを繰り返すことで自分を慰めながら、明日にしよう、明日になればやる決心ができるかもしれないと自分に言い聞かせていた。

その年の春、私は検査で子宮頚が炎症を起こしていると診断され、個人病院から再検査のために埼玉県立病院に紹介された。成田は休暇を取って病院へ付き添ってくれた。担当医が彼に何を話したか分からなかったが、私は、今後、悪化するのを防ぐために定期検査を続けるようにとだけ直接言われた。ガンに違いないと思った。同時にはやくガンだと宣告してくれれば堂々と中国に帰れるのにと少し残念な気がした。

この病が私を救うことになった――私は病気を理由に両親の元へ帰ったのであった。

十　至上の愛

一九九五年夏の里帰りは、私の人生における大きな分岐点になり、そこから人生観が大きく変わることとなった。私は生まれ変わったのである。

心身ともに深い傷を負ったまま故郷に足を踏み入れたとき、私はかつての純真と安らぎを思い出した。山の間に漂う濃い霧、山のふもとから伸び、山の奥へ消えて行く石畳の小道、そして最も私を驚かせ魅了する空気が馨る朝……。傷ついた心に、桂林のすべてが懐かしく沁みこんだ。

桂林の朝は生命の呼吸にあふれている。山のふもと、川のほとり、木の下、至るところに朝のスポーツに励む人波が押し寄せた。まるで桂林のすべての空間が彼らによって満たされているようだった。音楽が高鳴る中、人々は心身ともにリラックスし、顔に笑みを浮かべながら大声で叫び、初夏の美しい朝を満喫していたのである。日本の沈黙の朝とは大違いである。浦和の公園で私が目にした朝のスポーツの内容は単純なものであり、人々はただ池の周りを走ったり、犬に引っ張られたりしているに過ぎなかった。それに高齢者が多かった。桂林は年齢層が幅広く、時には歩きはじめの幼児までいた。

山登りは桂林人の代表的なスポーツであった。真夏になると、登山者は桂林人の半数以上を占め、山頂にたどり着いて遠くを眺めるのが慣例であった。山頂と山腹には登山者が縦列になって動き、遠くから見るとまるで巨大な蟻の群れのように見えた。こちらの山頂にいる人が「おーい」と向こうの山頂に呼びかけると、向こうからやまびこのように「おーい」と返事が返ってくる。幾多もの高鳴る呼び声が山間を行き来するのであった。

桂林の西の方に〝西山〟という山脈が広がっていた。山奥には寺や廟が多く、仏像が林立し、大勢の人がここへ線香を上げに来ているため、いつも煙が漂っていた。麓には公園があり、ダンス、剣、気功などを練習する人で賑わっていた。特に気功団体が多く、宗派も数種類あった。

母は一年前から、〝中華養生益智功〟という気功を習い始めていたが、十数年患っていた白内障が完全に治ってしまった。今ではメガネをかけずに針に糸を通すことができ、髪の毛が黒くなり、コレステロール値も下降していた。彼女は〝病は気から〟と私に教え、病を治す前に心を治さなければならないのだと言い聞かせた。さらに、気功を習うことは一種の形式に過ぎないが、その中に含まれる多くの哲学は人々に深い啓示を与え、気功が主張する無為、心平気和は私のせっかちな性格を中和し、過剰な気性を救ってくれるのだと説明してくれた。私は自分の目で確かめたもの以外は信じられないため、母が気功をやり過ぎておかしくなったのではないかと思ったが、彼女の若返った元気な姿は認めざるを得なかった。

公園で気功を教えている蒋先生は、頑健な体つきに反し、まったく平凡な顔だちをしていた。ぱっと見て田舎からの出稼ぎ人のような印象を受けた。彼は私のタバコを一本もらうと、掌で少し押さえてから再び私に返した——不思議なことに、タバコの味が変わり、彼の言葉での誘導とともに、一口吸っただけでこのタバコが嫌になり、吸うのをやめてしまった。その夜、私は〝中華養生益智功〟学習チームに申し込むことに決めた。

学習チームは池の辺にあるレンタルオフィスに設置され、三人の助手が生徒の事故を防ぐためにみんなを見守っていた。二十数名の生徒たちは一様に素朴な装いで、顔色が悪く、社会中下層レベルの人のようだった。いずれも病気を治すために参加した人々であり、そのうち二名は死を宣告された人であった。見張りの女性助手の一人は一年前にガンを患って、全財産をはたいて中国の各地で治療を受けたが、病状は悪化する一方だった。家で死を待っていた最中にこの気功と出会い、今では信じられないほどに完治したため、ここで助手を務めるようになったという。この気功では人を助ければ自分の功も助長されると言われているため、彼女は蒋先生とともに、余暇を利用して無償で教えているのであった。

かつての中国人は自己の利益を無視して他人を助けることがほとんどなく、もし昔からこのような社会風潮があれば、私や多くの中国人もそれほど切に外国へ行こうと思わなかっただろうと深い感銘を受けた。

習い始めて一週間、私はタバコをやめられた上、難聴がだいぶ良くなり、遥か遠くの小さな音も聞こえるようになり、下腹部の痛みも消えた。メンバーのみんなと一緒に、伏波山、象鼻山、畳彩山、独秀峰などの桂林のあらゆる山を踏破し、町を見下した。

周りの景色や物が私の前で小さくなり、昇り始めた太陽が私の全身を照らした。私は自分が限りなく膨張し、次第に宇宙の中に溶け込むのを感じた。そのとき、忽然と〝天、人合して一と成す〟というのがどのような境界であるのかを悟った。世俗の事が遠ざかり、次第に光りの斑点と化して消えていった。私は光の斑点のひとつになり、キラキラと輝いていた。私はもはや私でなくなり、自分という殻から抜け出した第三者となり、客観的にかつ公平に自分を観察し分析できるようになっていた。

とうとう私は自分が非常に利己主義的であることに気づいたのである。これまで私は自分しか愛せず、自分の利益しか考えず、他人の利益や立場を尊重できなかった。自分のために他人の利益を顧りみないことは、絶対に許せないことなのだ。人を愛さなければ愛されることもない。私は愿憎に対しても、成田に対しても同じ事をしてきたため、運命から各種の罰を受けたのである。これこそ報いであった。

また、私はわけもなく自分を他人より優れたものであるように考えていたため、人を理解せず、人に理解されることも求めなかった。母を除けば、誰も私の真の姿を知らなかった。私は自分自身を高所に置き、他人に自分と同じようになるよう望み、人との調和を図らなかったため、常に人とぶつかり、常に失敗し続けるのであった。この広い世界に、完璧なものなどない。世の中には良い人ばかりでも、悪い人ばかりでもなく、普通の人が、在る。みなそれぞれの欠点があり、その欠点をしてその人を特徴付けるのだ。私の夫はまったく普通の人であるため、普通の人が持つ欠点があっても不思議ではない。しかし私は断固として彼に神様のような、現実にあり得ない夫になるよう求めていたのである。

知人のほとんどが彼を〝いい人〟と見なし、私の身内まで彼の味方をし、喧嘩のたびに彼のために考えるよう私に言い聞かせた。なのに私は一度も彼のために考えたことがなかった。私の頑固さは自らの歴史に由来するものであったが、彼にも歴史があるのだ。彼は大学で海洋通信を学んでいたが、卒業後営業マンとなり、婚姻がうまくいかず、十年間のひとり暮しで様々な悪習を身につけた。疲れ果て、誰かの肩に寄りかかりたくなった。それなのに私は一度も彼に肩を貸そうとはしなかった。彼が幾度もチャンスをくれたにもかかわらず、私はすべてのチャンスを放棄した。だからこそ彼は子供、部下、友人を愛することを選び、私を愛そうとしなかった——本来、愛したかった、愛するつもりであったにもかかわらず。彼が私にやさしくなかったのは、私が彼にやさしくしなかったからだ。私が原因で彼は結果なのだ。私は常に自己憐憫に溺れ、他人の助けを求めることばかり考え、自力で事態を打開する方途を考えもしなかった。結局、自分を救うのは自分であり、他人ではないのだ。

私は成田との間に愛がないのにあるように装った。そのため互いの醜い部分が剥き出しになった。また、互いに偏見のメガネをかけていたため、この醜さは一層汚く見えた。互いに相手の醜い面を知り過ぎていたため、私たちの争いは、一般の夫婦のそれを遥かに超えるものになり、ただ目先の利害関係のために結合したり分離したりしたのである。

相対的に論じない限り、円満な婚姻はないと言える。中国の家庭にも不愉快な一面はあり、あらゆる家庭に矛盾点があり、すべての女性と男性が不満を抱えている。争った結果家庭が崩壊した人もあれば、新たな家庭を築き、幸せに暮らしている人もいる。家庭に関する学問は、度重なる失敗の中から教訓を得るしかないのだ。

朝と夕方、私は日本での思い出に耽っていた。成田との出会い、友人として過ごした日々、そして結婚から子供が生まれるまでの長い道程に思いを巡らせた。そして結論を下した。これがいわゆる〝縁〟であった。言い換えれば宿命であり、茫々たる人の海から、私はわざわざこの〝かたき〟を選び、また彼に選ばれたのである。母は私を連れてある盲人の占い師のもとを訪ねた。この先生曰く、生年月日で判断した限り、私は二人の夫を持つ運命だと断言した。しかも他所行きの運命であり、二人目の夫とは最後まで暮らす可能性が大きいと言われた。愿僧はすでに私に未練がなく、ほかの女性が私にとって代わっていた。成田は頻繁に国際電話をかけ、何度も「寂しい——寂しい——」と繰り返していた。このことから、私の中にある彼のイメージは真新しくなり、とても親しく、得がたい存在に感じた。私は自分を恨み、彼に犯した過ちのすべてを悔み、償いたいと思った。

——私と成田は九十日の別れを経て、成田空港で再会した。前回と違って、私は彼が旧い友人、最も親しい人であるかのように思えた。彼と会った瞬間、結婚前に抱いていた感情のすべてが蘇り、私たちの間の隔たりが消えうせた気がした。二人の子供と抱き合う彼を見て、これが私の家族だと結婚してから初めて意識した。彼はこの家族に欠かせない一員であり、これからずっと一緒に暮らし、もう別れることはないと思った。

浦和へ帰る途中、彼は最近わが身に起こったある出来事を教えてくれた。彼の親友が奥さんの不倫で離婚を決意したが、その母親と友人たちがいずれも奥さんの味方をしているという。本来心やさしい奥さんであったが、二十数年間家族と夫に尽くしてきたのに夫は自分の仕事や交友関係ばかり重んじ、家庭の責任は全て奥さんに任し、帰宅しない夜もあったため、不倫に走ったらしかった。成田はこの夫婦を仲直りさせるよう親友の母親に頼まれたため、説得を重ねていたが、次第に親友の失敗から自分自身の反省すべき点にも気づいていった。親友は反面教師であった。教訓を得た彼はお蔭で私に対してやさしい気持ちになっていたのである。

中国から船便で三箱の書籍を日本に送っておいた。ジャンルは中国哲学、中国史、中国古典文学、そして中医学の解剖学にまで及んだ。この年齢になって祖国の国粋を学び始めるのは手遅れかもしれないが、知識を補いたい一心で読みふけり、かつてのいかなる時期よりも身についたと実感した。大量の知識が身についたお蔭で、私は視野が広がり、家庭の細事や夫の行為に対していちいち気にしなくなり、怒りや爆発が著しく減少した。

自分の怒りを抑えられないと感じた時、私はすぐに彼の長所を考え、娘のためにしてくれたことを思い出すようにした——このように努めることはたいへん困難で、いつもできるとは限らないが、非常に効果的であった——彼への視線が和らぎ、やがて怒りが消え去るのであった。私の譲歩は理想的な効果をあげた。彼もすぐに態度を和らげるようになったのである。中国語で表現すれば〝柔を以って剛に克つ〟である。意見の不一致で二人が数日間口をきかなかった時、私は角度を変え彼の立場に立って考えるようにした——私が彼だったらどう考えるか、どうするか。こうすることで私は物事を公平かつ客観的に考えるようになり、問題を処理する方法も自然と偏らなくなった。ちょっとしたねぎらいの言葉を気軽にかけ、ほんの少しのやさしさを表現することにより、緊張した雰囲気はたちまち氷解した。些末な争いは片隅へ追いやられたのである。

その年の中秋節（旧暦の九月十五日）はちょうど日曜日だった。中国では親族が集まり、先祖を偲ぶ日であり、供養の儀式は欠かせない。結婚以来の数年間、私はいつも成田の帰宅前に三本の線香を立て、テーブルに肴、箸と杯を置いて亡き父を偲び、彼が帰宅してから一家揃って公園へ中秋の名月を見に行くのであった。

中秋節の前夜、父の夢を見た。痩せこけた父が遥々と桂林からやってきて、とても疲れているのに、毎日砂を運び塀を建てなければならないので、休む暇も食べ物もなく、タバコも買えない、タバコ代と豚肉がほしいと泣きながら私に訴えるという内容であった。私は泣きながら夢の中から目を覚まし、中秋節だから、亡き父の霊が会いに来てくれたのだと思った。

父の夢を見てから、私はずっと父の幻影を追っていた。思い出にふけり、悲しみで胸がいっぱいになった。早目に夕食の支度を始め、家族の誰にも説明せずに供養の儀式のための酒、肴、箸を黙々とテーブルに並べた。成田は酒を飲もうとしたが、自分の肴がないのに気づき、皿を持って私に求めた。中国のしきたりでは儀式の前の飲み食いは先祖に対して失礼になるので、私は彼に待つように言い聞かせた。

　途端に彼は不愉快そうに顔を顰め、腹が空いたと繰り返し、わざと意地悪しているのかと責めた。私は怒り出し、「今日は中秋節だよ。亡くなった父が……」の、〝父が〟まで言った瞬間、目の前に父の笑顔が浮かび、涙が溢れ、話しを続けることができなくなった。父を偲ぶ時、私の夫、つまり父の婿が自らの空腹のことしか考えていなかったなんて！　私は中国のしきたり、先祖代々から伝えられてきた習慣を彼に説明したかったが、喉が詰まって言葉にならず、彼に背を向けて涙を拭った。

　彼は私の悲しみを見てみぬ振りをし、「遺影もないのに、これでも供養といえるの？　おれが一緒に土下座しないのが気に入らないのだろう？　しないよ、おれに何の関係があるの」と言って、わざと大げさに食べて見せてから、堂々と酒と肴をもって書斎へ入っていった。

　私は大きな屈辱を受けたように感じ、心の中で父に叫んだ……かわいそうな父、娘の夫は何て礼儀も情もない人だろう！　そんな夫になす術がない自分はまた何と親不孝者だろう！　私はエプロンを脱ぎ捨て、泣きながら公園へ走り、芝生に座り込んで涙ぐむ目で名月を眺め、一人きりの中秋節を過ごした。

　少し落ち着いてから涙を拭いて家に帰ることにした。この出来事について彼に食ってかかることはしなかった。ただ口を閉ざした。そのような私を見て、彼は詳しく説明してほしいと要求した。私は以前のように怒りを爆発させることなく、冷静に中国人の習慣を詳しく説明して聞かせた。彼は自分の無知を謝り、現代の日本では中秋節の習慣がなく、あってもだんごを食べる程度のもので、先祖の供養はないと釈明した。供養の方法も中国と違って、普通の日本家庭は仏壇があり、少なくとも遺影の前で供養するのであり、私のようなやり方は彼には理解しにくかったのだと説明した。

彼は、位牌がないのにどうして偲ぶ気持ちが伝わるのかと不可解そうに繰り返し、もう一つ、嫁いだ女性はそれほど実家の先祖供養には責任がないこともほのめかした。彼は知る由もなかったが、現代中国では男女平等の意識が浸透しているばかりか、女性人口の少なさにより、男性よりもむしろ女性のほうが重宝される風潮があり、男性は結婚相手に困り果てているのが現状であった。また多くの女性が実家を大事にするため、女性の身分が男性を超えることも不思議ではなかったのだ。

彼は決して私の父を尊敬してないわけではないと言った——何度も桂林へ行きたいと言っていたが、いずれも私に断られたのだ。彼は行く機会があれば、真っ先に私の父の墓参りに行くのだと言い切った。話し合いの結果、彼は私の風習を理解し、二度と私を非難しなくなったが、依然として儀式には参加しなかった。私のやり方では供養の意味がないと思っているらしく、父の位牌を設けるよう提案したに留まった。

この事件で私がどれほど傷ついたか彼には分からないだろうが、思い出すとたちまち彼との婚姻関係を解消したい気持ちになった——これほどまでに父を無視したことは、父に対する最大の侮辱であり、これを許せば私は父の娘としての資格がないと思った。しかし最終的に、私は彼との闘いを放棄した。いかなることも絶対的ではなく相対的であり、彼を私と完全に一致するように要求するのは不可能なことである。確かに彼は父に不敬な気持ちはなく、父のことになるといつも敬う口調で話し、継父にまで十分な礼儀を示した。誰が見ても無礼な人とは言えない。単に先祖供養に対する見方が私と違うだけであった。私は彼との平和共存の道を選んだ。

以来、私は従来通りに自分のやり方で儀式を行なっていた。すると、意外にも彼は次第に変化を示すようになり、積極的に側に立って付き合うようになった。私のように土下座して頭を床につけることはないものの、子供たちには私と同じ動作をさせ、自分はお辞儀をした。そして、いつしか彼も床に頭をつけ、しかも相当な誠意を込めてこれらを行なうようになっていったのである。私にとっても意外なことであった。もし当初私が彼と徹底的に争ったとしたら、とてもこんなにはならなかっただろう。新たな戦争を引き起こし、陰惨な結果を迎えることになってしまったに違いない。

この事件で、私は自分の器量と心の広さに驚いた。これほど原則的な問題において我を捨てることが出来るのならば、ほかのいかなる問題においても譲歩できるに違いないと思った。私はついに、私たちがまったく違った類の人間であることに気づいた。出身、教養、性格趣味。すべてが違うものであり、人生観と価値観も別のものであることがわかった。年齢と文化の差を加えれば、私たちは両極端にある極点であり、心の中ではどんなに善意があっても、それを明白に言い表すことができず、曲がりくねった過程を経てからやっと相手に伝わるのである。したがって私たちは付き合い方の習慣と原則を変える必要があり、先ず相手の考えを尊重し、相手の要求、意見、利益を優先させることが肝要であった。このような道程を踏まえて、はじめて私たちはともに生きていくことができるのである。

今となって私は、自分たちが長年努力してもできなかった夫婦の円満とは、実は簡単にできることなのだと気づいた。今まで私たちはずっと鎧をつけ、朝から晩まで不必要な自己保護をし、真心を相手に見せようとせず、相手の真心も見ようとしなかったのである。ただ自分を相手に置きかえるだけで、すべてが変わり始めた。今まで通り、異なる国の、異なる民族、異なる年齢の二人が一緒に暮らしている。しかし、驚くなかれ、この暮らしから理解が生じ、理解し合うもとで〝愛〟が生まれたのである。私は彼を愛しているし、彼が私を愛していることも信じて疑わない。国際婚姻は〝国際〟の問題でなく、〝婚姻〟自身の問題である。男と女が互いに良く知らず、相手を理解し、相手に妥協する心構えがなければ、結婚は必然的に過ちとなってしまう。私はずっと過ちを犯していたし、彼も間違っていたが、幸い、私たちは過ちの原因を見つけることができた。ようやく、そして適時にこの至上の愛に気づいたのである。

毎朝出勤前に、私はキスをしてから、彼を見送る。ほぼ毎晩、寝る前に私たちは語り合う。帰りが遅くなる時彼は必ず電話をかけてくる――会社内では彼だけである。

今この本を書いていることも彼のお蔭である。彼との波乱含みの生活がなければ、この本はなかった。そして彼との経験により、私はいかなる荒波も恐れなくなった。執筆過程において、彼は多くの意見を提供してくれた。休日に家事を担当してくれ、出来上がった料理を皿に盛って私の前に運んでくれた。これが一般人の身に起きたことなら、驚くほどのことはないが、彼の身に起きたことなのだ。私はわが目を疑ったものである。さらに、彼が一生懸命に働いているお蔭で、一家の生活が保証された。そのため、私は安心して執筆に専念できたのである。

ある夜、彼は自分が会社のプレッシャーに耐えられなくなり、五階から飛び降りたいと思ったことがあると言った。それを聞いた私は、心臓がえぐられる思いで、もう二度と彼にこのような苦痛を味わわせたくない、と彼を永遠に胸に抱きしめたくなった。私の毎日の衣食住、すべてが彼の血と汗の結晶のたまものなのだ。彼のために家事をやり、譲歩することなど、いかほどのことがあろう。

もはや彼の酒好きと無駄使いについて怒ることはなかった。彼が自ら然るべき程度でやめるようになり、私が進言する必要がなくなったからである。彼がそうしたのは自分自身のためであると同時に、私のためでもある。自分が悪い癖を表に出す度に、私がひどく悲しむのを彼は知っているのだ。彼は完璧な人ではないが、〝良い人〟になろうと決心したに違いない。私はそれで十分だ。

私と小丹は〝愛〟について議論したことが一度ある。彼女は日本の社会に愛がなく、日本人同士の間にも愛がなく、自分自身しか愛せないのだと考え、したがって彼女はこのような環境の中では愛を見つけることができないと言った。彼女の考え方は曖昧で、やや誇張に過ぎると思う。なぜなら、愛とはそれほど雄大ですさまじいものではなく、ごく平凡なものであり、具体的で些細な感情により構成されるものだからだ。

愛は感情の発露ではない。少しばかりの時間と神経を使って、相手のために考え、具体的に何かをしてあげること——これが愛である。自分の使命を果たせない人は、他人に愛を与える能力もない。まず自分を愛することができた上で、他人を愛することができるのだと思う。

今年、さ代子は中学に進学し、正二は小学校二年生になった。成田の年収も上がった。私は家族との暮らしに満足し、ここ四年間、家庭の問題で涙を流したことがない。毎朝五時半に起床し、公園で気功を練習してから仕事を始める――家事と執筆。私の家族は異なる民族、血統が入り混じったものであるにもかかわらず、和やかで、幸せに暮らしている。正二は姉と父親の実の関係を知らない。時々、姉が少々桂林語を話せるのに対して、自分ができないことに疑問を呈する程度である。成田一夫は世界で一番良い養父の一人であると言えよう。さ代子が少しでも良心のある者ならば、いつか必ず彼に恩返しするに違いない。

私はまた母のように信心深く、毎朝必ず線香を立てて拝み、〝善には善の報いあり〟と信じている。性格もますます彼女に似るようになり、喜ぶ時は大笑いし、大声で歌うことが好きで、些末なことは受け流す習慣を身につけた。また、積極的に学校の活動に参加し、PTA学級委員、協力委員を務め、さ代子の六年間の小学校授業参観、懇談会には欠かさず出席した。そして五人の、心を割って話せる日本人女性の親友ができた。私は日本人に中国人の優れた面を見せるよう努力し、祖国のイメージを傷つけないよう心がけている。自信を取り戻し、向上心を持つと同時に、生活習慣も変わった。鮨と刺身を好んで食べるようになり、宮本輝の『蛍川』や紫式部の『源氏物語』を読むのが好きである。四十一歳になった去年から、私は鮮やかな明るい色、特に赤と白を好むようになり、黒い服をたくさん棄てた。

一九九五年末頃に『通婚果』の構成を考え始めた。当時、子供がまだ小さく、自由時間がそれほど取れず、私自身の考え方も揺れ動いていたため、断続的に何度も書き直した。時の流れにしたがい、かつての出来事を客観的かつ公平に評価することができるような気がしてきたため、今年に入って、再び執筆に励んだ。

この過程の中で、私は何度も自分に問いかけた……時間が逆流し、すべてがやり直せるようになったとしたら、私は今までの道を選ぶだろうか？　運命は必然的なものであり、起こるべきことは必ず起こり、すべてがもう一度始められるにしても、私はやはり日本人成田一夫と出会い、付き合い、結婚し、そして星の数ほどの争い事を繰り返した後、彼を再認識するようになり、自分自身を見つめなおし、人生観と価値観を考え直すだろう。自分の敵は自分自身であり、親友も永遠に自分自身なのである。

家庭や婚姻、愛は永遠につづく物語であり、この話題の重みと多彩な変化に、この本は応えきれないだろう。遥か昔から、多くの賢人によってこれらの問題は探求され、本に書かれ、議論されてきたが、今日に至って、完璧な答えは出ていない。答えを探し出すことが人生であり、いかなる答えも人それぞれのものだからである。
いつか私の夫が満八十歳の誕生日を迎えた時、彼が心を込めて、この中国人女性と結婚して良かったと言うことができれば、私の宿願は果たせたことになる。

――了

あとがき

一九九八年三月三十日、私は二人の子供を連れて川島家を訪ねた。川島夫人は川島さんが亡くなった後、一人暮らしをしながら、別の通りに住む息子とともに蕎麦屋を営んでいる。川島さんの遺影が蕎麦屋の奥の部屋に置かれ、依然として生前のような明るい笑みを浮かべていた。夫人は、川島さんが天国で私の話しを聴いているのだと言ってくれた。私は今でも彼女と連絡を保ち、新年や節句のたびに贈り物を送っている。

同じ日に橋本家も訪ねた。橋本さんは一九九七年に他界し、奥さんは健在だが、失明し、壁に触りながら歩いていた。私が暖簾を開けた途端、彼女は「紹ちゃんか、紹ちゃんでしょう」とすぐ感づいた。私は自分の辿った道程を話して聴かせたが、案の定彼女は激怒した――「どうして愿ちゃんと別れたの？　どうして？　あんなにいい人なのに」。これほど激昂した彼女を見たことがなかった。私はこれ以上彼女を怒らせたくないため、それを最後に彼女との連絡を断った。

桂林の義母は病に倒れ、四年間寝たきり状態になっていた。病名はわからなかったが、最後の年に意識が朦朧とし、話すこともできなくなった。長年の病床生活で背中に床ずれができ、彼女は血が出るほどそれを引っ掻き、その上自分の大小便も触ったりもするため、愿僧兄妹は仕方なく彼女の手を縛った。また、手入れが楽になるように、彼女の髪の毛を男のように短く切った。一九九八年の夏休みに、最後に彼女と会った。痩せこけていて病床で喘いでいたが、私だと分かったのか、じっと私を見つめながら涙を流した。彼女は一九九九年に他界したが、私と愿僧の真相を知っていたかどうかは不明である。義父は電話で「生きている時は分からないものだが、いってしまったら空しくなった」と言って、私に自分の妻への思いを語ってくれた。彼はまた、「紹赤、お前が家にいれば賑やかなのに」とも言った。

私は愿僧一家に対しある程度の責任を感じているせいか、時々義母の夢を見た。内容は大体同じもので、彼女が若くて元気に生きて、代わりに義父が他界する夢である。私は成田に内緒で、しばしばさ代子と一緒に彼女を偲び、永遠の安らぎを祈った。

一九九八年に里帰りした際、私は何度も愿僧の家を訪ねた。彼はまだ独身であり、しかしガールフレンドがいた。家の中のすべてが昔のままで、新しいものは一つもなかった。シーツや枕のような寝具まで、結婚当初のものであり、家具の位置さえ変わっていない。愿僧のお腹はさらに出っ張り、毎日のように父親と一緒に食前酒を飲んでいた。相変わらず話好きで、依然としてほらが多かった。すでにバイクに乗っておらず、三台続けて売った後、自転車に乗っている。話によると、一度バイクで足をケガしたあとやめたらしい。

ずっと前に画廊をたたみ、料理店や木材の商売をしていたが、いずれも成功しなかった。しばしば金儲けのためによその土地へ行っては、損をして帰ってきて、また次の計画を立てるのであった。私はまだ自分が彼の家族の一員であると感じていたが、彼の意気地のなさに絶望し、もう彼を援助しないことにきめた。

成田は一九九八年の盆休みに、ついに桂林に来て父の墓参りを果たした。彼は八日間滞在し、兄の案内で桂林の名所を遊覧した。彼は桂林の素晴らしさに驚嘆し、世界の〝絶景〟だと賞賛した。しかし私は愿僧との約束を守り通すため、成田を実家でなくホテルに泊め、私も子供たちとともに彼の側にいた。母と継父は毎日のように会いにきてくれた上、歓迎の宴席を設けてくれた。そこで親戚一同に正式に成田を紹介した。

小丹は二度転勤した後、今はある健康食品の会社に勤務しており、いまだに独身だが、日本人との結婚は考えていないようである。

桂林の噂によると、阿倉は夫と離婚し、日本人と再婚したらしい。しかしこれは噂に過ぎず、彼女と連絡をとる手段を失った私には確かめることができない。彼女は今、どんな家庭を築いているのか？　夫と子供は？　彼女も私と同じストーリーを繰り返しているかもしれないし、そうでないかもしれない。始まりと終わり、それぞれの情景があるだろう。

唐　紹　赤

「人生哲学」1987年2月

通婚果

2000年11月1日　初版第１刷発行

著　者　唐《とう》　紹赤《しょうせき》
発行者　瓜谷綱延
発行所　株式会社文芸社
〒112-0004 東京都文京区後楽2－23－12
電話03-3814-1177（代表）
03-3814-2455（営業）
振替00190-8-728265

印刷所　株式会社エーヴィスシステムズ

乱丁・落丁本はお取り替えします。
ISBN4-8355-0909-9 C0095